預言の書

山下 慶子

Keiko Yamashita

文芸社

まえがき

本業のピアノ教師の職をなげうって、生まれて初めて原稿用紙に向かってひたすら書き続けて今年で三十二年が経つ。昼夜を問わず寝食を忘れ、書いては出版社に送り、書いてはまた送り、ただの一社からも受け入れられず、三十二年が経ってしまった。

十歳からピアノを始め、その道一筋だった。私が受験した頃、当時国立《くにたち》音大の器楽科（ピアノ）は全国から三十名しか採らなかった。幼稚園からあり、高校からも皆そのまま上がってくるため、大学入学時には外部からは三十名しか採らないのである。全国から三十名で、西日本地区から合格したのは私一人だけであった。この田舎から、全国三十名、西日本地区から一人だけ合格できたのは奇蹟であったかもしれない。

私が言いたいのは、十歳の時からピアノが命であった私が、それを投げ捨てて、周囲の批判と嘆きにも耳を貸さず、原稿用紙に向かい始め、ただひたすら書いては送り、書いては送り、を繰り返し、一社にも受け入れてはもらえず、三十二年が経ってしまった、ということである。昨年（二〇〇九年）九十三歳で亡くなった母など「それみたことか」という気持ちもとうの昔に通り越し、哀れみさえ感じていたふしがある。親せき縁者、皆やさしいから、心底哀れみを感じていても決して口に出しては何一つ言わない。責める者が一人もいないということは、私にとって一番ありがたいことである。当の本人が一番情けない思いをしているのであるから。

ペンを持って一番最初に書いた文字は「神への便り」であった。

イエス・キリストが二千年の時を経て、この日本に再臨したこと、その根拠と証明を必死で克明に書いた。どの出版社からも送り返されてきた。東京の作家・E氏のもとへ原稿を持っていったこともある。女性秘書が現れたので、「九州から来ましたとお伝えください」と言うと、「先生は今お忙しくてお会いできません」と答えるので、「一目お目にかかり原稿を読んでいただきたいのですが」と再度押し、「先生はお忙しくてお目にかかれません」「ではこの原稿をぜひお読みくださるよう、どうかお渡しください」こうした押し問答の末、ヘトヘトで家にたどり着いた。

ところがその数日後、そっくりそのままの姿で原稿は送り返されてきた。過去にはこうした出来事もあり、この三十二年間はいったい何だったのかとふぬけの状態となり、恥ずかしさでふとんをかぶり寝てみたりして――誰も見てはいないのだからふとんをかぶる必要などないのだが、恥ずかしさのあまり、ふとんをひっかぶるのである――、自分が悪い、自分が間違っている、ただの一社も受け入れてくれないということは、そういうことなのだと恥ずかしさでいっぱいとなり、次に悲哀が襲ってくるのである。

一九八七年に一社だけ受け入れてくれ、本になり出版されたことがある。カトリックの出版社で、「K社」という所であった。

「駄目でしたらどうぞ捨ててください」と書いて送ったところ、半年ぐらい経った頃、突然「覚えていらっしゃいますか？」という電話があった。その出版社社長兼編集長は、九州へ来る用事があり、私が住む町に来ているとのことであった。ローマ・カトリックの上層部の人で、ヨハネ・パウロ二世が法王二百六十四代目にして初めて日本という国を訪れた時も側近としてそばについていた人であった。

バチカンには出入り自由、ミラノに家があり、日本とヨーロッパを行き来している人で、上層部にだけ渡されているというファティマ第三の秘密を持っていた。田舎で髪を振りみだして机にしがみついている私にとって、まるで空気の違う、えもいわれぬさわやかな、ヨーロッパの香りのプンプンしている人であった。

音大に入学した年の春、十九歳の時であったが、医師をしている母の弟三人の叔父が、入学祝いとしてひと月間ヨーロッパに行かせてくれたので、ローマも、バチカンの香りも私にはわかる。今から四十六年も前のことで、その頃は日本人は見かけなかった。

私は二人姉妹で、姉は医者になったが、父は私が一歳、姉が三歳の時に亡くなった。そこで姉と私の学費は、三人とも医師である母の弟、すなわち叔父たちから出ている。小さい時から育ててくれたのも三人の叔父と祖父、祖母である。もう一人の叔父はビルマ（現・ミャンマー）で戦死した。二十七歳の時である。父は三十三歳で死んだ。


ヨーロッパの香りのするその人は、会うなり、いきなり「神への便りという題名は駄目です！」とピシャリと言った。なぜ駄目なのか今もってわからない。この原稿には原点の三十二年前に戻って「神への便り」という題名をいったん書いたが、一九八七年にその人が言った言葉を思い出し、止めた。いつか本当に書きたい「神への便り」を書ける日が来るのだろうか。

「ニューヨークへ行く用事があるので、帰ったら乾杯しましょう」と言って、その社長兼編集長はアメリカへ発った。帰国後、再び私の住む町へ来た時、西欧料理の店で再会を祝した。

その時には都会の雰囲気に飢えた二人の男の友人が加わったのだが、スペイン語と英語を操る一人と、ミラノに異常に詳しい一人に話は完全に専有され、男三人でいつまで続くかというほど盛り上がっていた。

肩の荷が下りたという思いもあり、私も楽しく彼らの話を黙って聞いていた。というよりもまったく話についていけなかった、という方が正しい。三時間ほどのち、そもそも誰が社長兼編集長の友人だったのかわからないほど三人は意気投合していた。二人は名残惜しそうに「またぜひお会いする日を楽しみにしています」と言って、今まで見たこともない笑みを見せながら去っていった。

その後、やっとその社長兼編集長と二人で話すことができたのだが、ニューヨークで本屋さんに入ると、何と自分が編集した本があったのだという。出版してまだひと月も経っていない時である。

驚いて、「どうしてこの本がここにあるのですか」と聞くと、ニューヨークをはじめ、アメリカにいる日本人のために、東京の紀伊国屋から取り寄せたものです、と言われたという。「ほんとに驚きましたよ。ということは、アメリカだけではなく、他の国にも行っている可能性があります」と彼は言っていた。

私もこの頃驚くことがいくつかあった。M学園という中・高の女子校で、私の本が推薦図書となり、そこの中・高生の多くが読んでいる、ということを知った。

ある大学の医学部教授の奥様が、朝早く、まだ寝ている時に電話をかけてこられ、「もしもし、私、福岡の某大手書店に本を買いに行くのが趣味なんだけど、あなたの名前の本があったわよ。もしかしてあれはあなたなの？　え？　あなたが書いた本なの？」「そうです」「みんなに知らせたの？」「いいえ」「みんなに知らせなくっちゃ。宗教書のところにあったわよ」「（宗教書のところ？）」「ガチャン」

それからあわてて皆に知らせていたような気がする。

この本の最後を「ひとまずペンを置こう」で終わらせていたからか、「次の本はいつ出ますか、とあちこちから問い合わせがいっぱい来ていますよ」とも社長兼編集長は言っていた。

何もかもが順調に行っていた。

一九八七年で私の役目・使命は終わり、その後はジャズピアノをものにする予定であった。原稿の内容は一行も変えられていなかったが、題名は「愛の黙示録」と変えられ、当時なぜそうするのかわからなかったが、奥付の社長兼編集長の名前が二文字別の字に変えられていた（あとでペンネームなのかもしれないと思った）。

報告が来る度、ものすごい売れ行きだった。四、五ヶ月が経った頃であったろうか。キリスト教の伝統的な一派からの恐ろしい弾圧が始まった。その時、カトリックであるその社長兼編集長が、自分の名前を二文字変えて出版した意味がよくわかった。

それでもばれたのか、「今後一切K神父の名を使うことを禁ず」という通達が来て、カトリック関係の雑誌を出版していた「K社」という社名も取り上げられてしまった。

私の本は、某大手書店をはじめ、あちこちにちらばった書店から、一冊残らずすべて撤去された。これが弾圧でなくて何であろうか。

その一派は、イエス・キリストの再臨がそれほどまでにいやなのか。認めたくないのか。たとえイエスであっても無視し、蹴ちらし、あの偉容を誇るさまを永々と続けたいと思っているのか。

イエスは「私はまた来る、あなたたちをみなし児にはしない」と言った。お釈迦様は、「末法《まっぽう》の世、私はもう来ない。私の代わりに弥勒《みろく》を世に送る」と言われた。聖者は嘘をつかない。

私は信仰はあるが宗教は持たない。何々教団と聞くだけで拒絶反応が起こる。三十二年間その思いはまったく変わっていない。学んだら出るべきだ。いつまでも何々教団にいるべきではなく、一人一人、個人個人に立ち返るべきだ、と三十二年間言っている。何かを握りしめると、必ず排他精神が生まれる。何々教団の人々の排他、頑固、頑迷はもうそれは並ではない。何々教団、それ自体がもう罪である。入り、しっかり学んだら出る。

自分の意志というものをしっかり持っていなければ、そこから抜け出すことは容易ではない。自分の意志で卒業するのである。一人一人に立ち返るべきである、と三十二年前から言っている。だから一切の宗教とは完全に無縁である。

歴史は繰り返される。二千年前とそっくりまったく同じことが起きた。当時聖書など読んだこともなく、持ってもいなかった。私たちの師がイエス・キリストであったことに私は驚がくし、師・イエスと共に私たちが過ごした二年間の出来事を書き、彼がイエス・キリストであったことのその確固たる証明と証しを私は必死で書いた。その原稿が出版社から送り返された時、これは誰も信じやしないと確信し、まったく別のことを書きつづりながら、五、六行の中にさりげなく、イエス・キリストの再臨をもぐり込ませた。あの手、この手、さりげなくキリストの再臨を入れる。それが私の手法となった。言いたいことはそれなのだから。

キリストの再臨が何を意味するのかその一派も、人類も何もわかってはいないようである。前述の社長兼編集長は自分の名前を二文字変え、「神への便り」のように神という言葉を使うのを止めて「愛の黙示録」とした。

私は三百枚近い原稿の中に、わずか五、六行、イエス・キリストの再臨をさりげなく、しかしはっきりと確信を持って入れた。信じてもらいたいというのが私の心底からの願いなのだから。私はキリスト教徒でもないのに。そのわずか五、六行がばれたのである。ということは、その一派の人が『愛の黙示録』を読んだ、ということである。

そして本は一斉に一冊残らず撤去され、社長兼編集長は「K社」の社名を取り上げられた。悲惨な結末に終わったのである。

目次

聖書の文章は『新約聖書』(フェデリコ・バルバロ訳、講談社)から引用している。傍点は引用者が付けた。

私はどんな思いで書いてきたか

「情けは人のためならず」。世のため、人のため、人類を救うため、などと思って書き続けてきたが、何のことはない、すべて自分のためであった、ということもよくわかった。三十二年という歳月が必要であったその意味も、最近やっとわかった。なぜ、なぜが「そうであったのか」と大いなる天のはからいに感嘆し、納得し、では私の役目はもう終わった、と書かないことに決めた。が、しかし時が経ってみると、ここ数ヶ月のことであるが、誰も知らないことを知っている自分。

地球上の誰も気づいていない、誰も知っていない、人間にとって最も大切なこと、それを知っていて知らせないのは間違いではないか、という思い、どうせ誰も信じやしない、また返されて落ち込むのが目に見えているこの三十二年はいったい何だったのか、と。

原始、イエス・キリストとその弟子たちの状況。釈迦の想像を絶する苦の修業、苦行の生涯。フィンセント・フォン・ゴッホの、そしてその弟・テオの生涯。セザンヌの絵は生きている間、ただの一枚も売れなかった。

ムンクの絵に息をのむ。言葉もないほどのすばらしい絵がある。病気の姉の横に亡くなったお母さんが描かれている。ムンクの姉と母の絵である。まるで光が放っているようなあまりのすばらしさに私は息をのんだ。この絵を前に、人々はゲラゲラと笑ったそうである。皆が笑い、特にお偉い人々はケチョンケチョンにけなしたそうである。

ある日友人と二人でムンクは道を歩いていた。すると空がまっ赤な血の色に染まるのを彼は見た。恐怖のどん底に落ち、恐れおののいて、彼はその辺にあったダンボール紙のようなものにその恐怖を画きなぐった。まっ赤に画きなぐった空、そして恐怖に満ちたあの顔。「叫び」である。他の絵のすばらしさを人間は決して認めず、ゲラゲラと笑い、偉い人々はけなした。

人間とはそういうものであり、地球上のごくごくわずか、一握りの人しか真に真実を認めず、真実を理解せず、真実にたどり着かないのである。つまり、真実、愛ある人間か、多くは傲慢《ごうまん》人間である。億々万劫《おくおくまんごう》の時代から今日に至るまで。そうでなければイエスが十字架で殺されるいわれなどなく、釈迦が迫害されることなどあろうはずがない。その一握りの人間に用意されているものがあり、あとは残念ながら抹殺である。火の釜《かま》に投げ入れられ全部焼かれる魂の抹殺《まっさつ》であり、かくして霊界というものが消えうせる、今回の霊なる神の計画である。真実に対して笑う者など、もう霊なる神は許さず、いらないということである。これが最後の審判の本当の意味である。

　つれづれなるままに書いていこうと思う。もはや順序だてて書いていくという作業は私にはできない。何が出てくるかわからない。つれづれなるままに、しか今の私には書けない。この地球上でわかる人はいるのである。ごくごく少数ではあるが。私の言う新しい天と地ができたことの証明は、この地球ではなく、別の惑星、新しい天と地の創造の証明は、黙示録のヨハネ、パトモスのヨハネが、私の証言の正しさを、このヨハネがしてくれる。彼は私の言うことの証人である。


　昔からよく哲学者、セネカの言葉を引用していた。たとえば、

「老人の中には、自分の年齢以外には長生きしたことを証明できる証拠を何一つ持っていない者をしばしば見かける」

「死に際をよくすることを知ろうとしない者は、立派に生きることはできない」

「死を恐れる者は、生きている人間にふさわしいことなど何一つできないであろう」

「いかに生きるかを学ぶには一生かかる。そしていかに死ぬかを学ぶにも一生かかるのである」

「千年も万年も生きたいと願っているくせに、人は自分で自分の生命を縮めている。しかも、その理由を誰もわかっていない」

「白髪をいただいてしわが寄っているという理由だけで、その人は長生きをしてきたと考えるのはいいわれのないことである。それは長生きしてきたのではなく、長くこの世に存在してきたというのにすぎない」

これら手厳しい言葉は少し横に置いておいて、私の最も共感する言葉がある。以下はセネカの著書から、私の言葉で要約してある。

▼人はなぜ、他人に見せびらかすための幸福に魅せられ、自分自身で深く味わうための幸福を求めようとしないのであろうか？　人目をひくものや、人々が驚嘆しながらお互いに見せ合っているものは、外面はピカピカ輝いてはいても、中身はまったく価値のないものばかりである。

▼一片のパンに不自由しているかどうかが人間の価値にかかわりがあるとは思えない。

▼多数の人の同意を得られることこそ最良の方策である、という考えに基づいて、周囲の人々の言うことに安易に同調して行動すること、すなわち、選択すべき道がいくつかある時に、理性の物差しによらず模倣の法則に従って行動することほど、トラブルを招き、人生を誤らせるものはない。こうして、破滅《はめつ》へ向かって群れ急ぐ人々の遺骸はうずたかく積み上げられていく。

大群衆の中で互いに押し合ったなら、一人が倒れれば必ず他人を道連れにする。前を行く者が倒れれば、後に続く者がつまずく。自分の前を行く群衆に盲従し、自分の判断よりは他人を頼りにするならば、人々が過去代々にわたって犯してきた過ちを繰り返すほかはない。

▼あなた方は人の生や死についていろいろ論評を加える。なんらかの功績があって偉人になった人の名前を聞くと、ちょうど小犬が見知らぬ人に出会うとすぐに吠えるように、

それらの人に言いがかりをつける。それは、他人が自分より幸福なのは気に入らないし、他人の人徳と自分の短所を見比べて屈辱を覚えるからである。

あなた方は、人の輝かしい姿と自分たちの薄汚れた姿を比べてねたましいと思う。しかも、ねたみというものが自分にとってどれだけ不利に働くかには気づかない。

▼家庭で、劇場で、大広場《フォーラム》で、たくさんの人々がせかせかと歩き回っているが、私たちはできるだけ落ち着いていなければならない。

紀元後四年に生まれ、ストア派哲学の第一人者であったといわれるセネカの著書『わが死生観』からよく私はその言葉を引用した。紀元後、四年である。人間は昔からまったく変わっていない、とため息をつき、さすが哲学の第一人者、よくぞここまでわかってくれた、と深く感動し、特に、「一片のパンに不自由しているかどうかが人間の価値にかかわりがあるとは思えない」など、「まったくない！」と常々思っている私には拍手ものである。自分の理性によらず、人に追従していけば、結果、〝破滅へ向かって群れ急ぐ人々の遺骸はうずたかく積み上げられていく〟のである。

自分の理性、自分の考えを持たず、大衆に流され、それがさも自分の考えのように思う人々を見るほど私にとっていやなことはない。そのように生き続けている一人の男をある日間いつめたら、「その方がずっと楽だから」と言った。セネカのその本をあげた男だから、「うずたかく積まれる死骸の山の一人だね」と言ってやった。

「ねたみというものが自分にとってどれだけ不利に働くかには気づかない」。もう世界を見るまでもなく、身近に接する人々の中に生じたねたみの渦で私は目が回り、相手より先に自分がぶっ倒れそうである。

昔の哲学者は悟りを開いたら自殺をしてもよいことになっていたらしく、悟りを開いたと思った哲学者たちは皆自殺をし、セネカも自殺をした、と書いてある。

三十二年間、このことに対してはクエスチョンマークが私の中についていた。はたしてそうなのだろうか。どうなのだろうか。わからないことは横に置いておく。いつかわかる時が来るだろう、と心に留めながらも、横に置いておく。三十二年が経ったいま、六十五歳になった時、「私は完全に悟りを開いた」と思った。「もうこれ以上学ぶことはない、セネカや他の哲学者たちがやったことはこのことであったのか」と思った。もはや学ぶべきものがなくなったのだからセネカのように消え失せてもよいのではないか、と思った。

ところが、ところがである。長い長い年月をかけて、「ああ、そうであったのか」「あのことはこういうこと、そういうことであったのか」というのを私は最近体験した。何十年も経って目が開いたのである。ということは、その時は悟りを開いたつもりでいても、何十年後かにはまた悟らねばならないことが出てくるはずである。九十歳になっても、百歳になっても悟ることはあるはずである。その歳になってみないと本当のことはわからないはずである。今では、セネカをはじめ、その当時の哲学者たちの自殺という行為は、残念なことに大いなる間違いである、と私は思っている。

つれづれなるままに書けばよい、と思うと気が楽になり、また、再び書く喜びが湧いてきた。「情けは人のためならず」であるので、私は自分のために書いている。だから人が信じようが信じまいが、そのようなことはどうでもよい。どうやら私は根っから書くことが好きなようである。蹴られ続けて三十二年、それでも懲りずに書くということは、やはり書くことが好きなのである。

いや、これしかないのかもしれない。書かずにいると気の抜けた人間のような毎日である。一番生き生きしているのが原稿用紙に向かっている時である。

内容が少々荒唐無稽と思われるかもしれないが、これすべて真実である。

すべての惑星は水晶で創られている

イエス・キリストの日本再臨。

すべての惑星、星々は創造の始めに、水晶で創られた。地球も太陽も月も創造の始めに、水晶で創られており、今のような光は放っていなかった。太陽（日星）、月（月星）、地球（地星）、この三つの惑星は兄弟星であり、新しく創造された天と地とは必ず三つの兄弟星から成る。三つとも水晶で創られているために水晶色に輝いているだけで、日星、月星、地星はどれも今のような光など放っていない。水晶でできた水星色に輝く三つの兄弟星である。

すべての惑星や星々は創造の始めに、すべて水晶で創られた。太陽も月も地球ももともと水晶で創られており、現在のような太陽ギラギラ、月は夜空にボンヤリ、地球ははるかかなたの宇宙から見れば、今にも消え入りそうなだいだい色でおまけに傾いていて、今にも落ちそうだが、もとは違った。信じない人は新しい天と地から眺めてみればよい。

宇宙飛行士たちが「地球は青かった」と言うが、彼らは、東京の中央線でいえば、国立駅から隣の西国分寺か立川までしか行っていないから宇宙の本当の姿を知らないのである。

何度も言うが、太陽も月も地球も、すべての惑星や宇宙の星々は、水晶で創られている。青く輝く星々は新しい星。赤かったり黄色かったり、だいだい色を放つ星々・惑星は古い星であったり、億々万劫の昔から人間がぶっこわして住めなくしたり、人災で住めなくなった星である場合が多い。とにかくすべての惑星の創造は水晶でできている。荒唐無稽といわれようが何といわれようが、これが真実である。

実は、また書き始めたのは、私の言うことを信じる人が必ずいる、と確信したからである。真実を求め、真実を真に求め、知りたいと願っている人がいることを知り、確信したからである。一人かもしれないし、十人かもしれないが、真実を知ることを希求している人がいることを知ったからである。真実を語るのが私の役目である。三十二年間、その思いは少しも変わっていない。希求する人のために真実を語ろう。つれづれなるままに――。

三十歳の時、北九州市の小倉という所に住んでいた。そこで親しくなった人が、二十年ぐらい前に突然電話をしてきた。唐突だと思ったのは三年住んでいて、こちらに帰って以来音信不通となり、当時のことなどすっかり忘れ果てていたからである。

「元気?」「元気よ」「久しぶり」「ほんとずいぶん長いことご無沙汰だったわね」「あのね、あなたの言ったことに間違いなかったわ。肉体を持った者は、誰一人も神ではないって言ってたわね」

二十年ぐらい前ということは四十五歳、三十の時に出会ったから、十五年ぶりの会話ということになる。私が自分でも驚いたのは、三十の時からそんなことを言っていたのか、ということである。言ったことさえ覚えていなかった。実に三十五年間も同じことを言い続けていることになる。

三十年だろうが三十五年だろうが、私の言っていることは何一つ変わらないのである。政治家の言葉はくるくる変わっても、真理、真実というものは宇宙創造の始めから、太陽系銀河の消滅の時まで、まっすぐな一本の道のように、決して決して変わることはないのである。

自分の前世、そして宇宙創造の始めまで見通せぬ者に、地球の未来や宇宙の未来など決して見通すことなどできない。

「肉体や霊体を持った者は、誰一人神などではない」と私は今も言い続けている。そのわ

け は後で話そう。

「肉体を持った者は誰一人神ではない」ということを一つ知ったからといって、彼女が新しい天と地へ行けるわけではない。新興宗教の、それもあちこちの先生から教えられたことをとうとうと話されても、私にはまったく何の興味もない。それは人が言ったことであって、自分の考えではない。

一所懸命彼女は自分が学んだ教義を私に教えてくれるが、だんだんいいかげんいやになってきた。私より年上なのに、この三十五年、いったい何をやってきたのだろう、と思った。早く切りたくて「そんなことはとうの昔に卒業したよ」と言った。何だかため息が出た。

どこかの新興宗教にお参りする度、またはキリスト教の日曜教会に行く度、百円なり千円なりお布施や献金をするだろう。日曜礼拝で神父様のお話の後、献金箱が回され、皆がそこにお金を入れる場面は、洋画でよく見るシーンである。新興宗教団体も、教会も、行けばただというわけにはいかない。

その点、霊なる神を信じるのにお金はいらない。タダ。無料である。そのありがたい霊なる神についてのお話を聞けるのだから、こんな良いことはない、と私は思うのだが、皆ついてこられないのか、荒唐無稽と思うのか、声を大にして叫んでも誰も聞いてはくれない。でも、そのようなことはもうどうでもよい。

「今にわかる。今にわかる」である。実はこの言葉は今世、「もしやあなたはイエス・キリストでは？」と恐る恐る小さな声で（いつもは私の声は隣まで聞こえるような大きな声である）尋ねた私に、いつものやさしいあの顔とはまるで違う、きっとした怖い顔で「誰にも言うな!!」と言い、「今にわかる。今にわかる」と二度言った、イエス・キリストの言葉である。

「今にわかる。今にわかる」私もそう言っておこう。後の祭りとならないことを願いながら——。

昨夜のテレビニュースと特別番組を見て、心が暗くなり、今も頭から離れず、うつうつとしている。一つは、米軍が沖縄の島で、クラスター爆弾を落として訓練しているとのこと。キャスターがヘリで確認に行き、クラスター爆弾を積んだ軍機が間を置いて三機飛び立ち、帰ってきた時には爆弾はなかった。

沖縄の人が何かおかしいと遠くの島を見ていると、ものすごい音と共に島の一部が消えていて、爆弾を落としているのに気がついた、という。はっきりとクラスター爆弾の印が付いたものを軍機が積んでおり、島の一部がなくなるほどにそれを落としている、という。「いつからやっていたのか」と沖縄の人が言っていたが。空中で爆発して、広範囲に人を殺傷するあの恐怖のクラスター爆弾である。沖縄の人が、「原爆に次ぐ大量殺人兵器だ」と言っていた。アメリカという国は――と深いため息と共に、沖縄の人のみならず、暗い気持ちに落ちていく。どこまで、いつまで戦争をし、どれだけの人間を殺せば気が済むのかアメリカは、と思う。

八千個もの核弾頭とイラク戦争で使い切れなかった大量のクラスター爆弾をしっかり持っていながら、「核廃絶」を世界に宣言し、自国はすべての廃棄はしないなどと言うアメリカは、自分の国は持ってもいいが、他の国は持つななどと子供でもおかしいとわかるような矛盾した理論を展開している。

三十二年間私が懸命に警告を発し続けてきた「火」と「水」の洗礼が近づいたのである。今日に始まったことではない。億々万劫の昔から人間は「核ビーム戦争」「大洪水」を引き起こし、生物の住めない廃惑星にしてきたのである。金星、木星、火星、月星、他の多くの名のない星々を。今の核と同じ、「核ビーム」と呼ぶものを使って廃星にしてきた。

今度は地星、地球であるが、人類、生物絶滅、廃星、それだけでは今回だけは済まない。今までは廃星で済んだが、今度だけはそれでは済まないのである。銀河の消滅が起こる時、この地球に生物は存在しない。

後でまた詳しく話す。

もう一つの悲しいテレビの特集番組、インドのドキュメンタリー番組。子供をさらってくるのか親も知った上で連れてくるのか、そこは私の方が何か作業をしていて見ていないのでわからない。汽車の中で「いくらで売るのか」と誰かが聞き「一人（日本円で）七千円」と答えていた。

七千円で子供が売られ、狭い所に押し込められ、ヨーロッパやアメリカで売るための品を昼夜作らされていた。六歳、十歳、十一歳、皆幼い子供である。児童保護団体の人たちによって、八十人の幼い子供が保護されたが、知らない人たちが来たら臓器を切り取られる、と教え込まれていた子供たちは、一斉に逃げてしまい、また救出の情報が漏れたのか、他の作業場はもぬけの殻である。

売られて殴られ、おどされながら昼夜狭い所で働かされる子供たち。どれだけの子供がいるかわからないという。子供たちの作った美しい商品が、ヨーロッパとアメリカの店で売られていた。

爆破させた石を、決められた同じサイズに作っていく子供たち。石をさらに割り、サイズを計り、そのサイズの大きさに作っていく。子供たちの手は老人でさえこのような手の人はいない、というほどひからびていた。感覚はあるのだろうか、という手をしていた。爆破された石を素手で運び、さらにそれをハンマーで割り、サイズを計り、その大きさにハンマーで切りそろえていく。幼い子供が素手で毎日毎日それをやるのである。ヨーロッパの町の道路に、その子供たちの作った石がどこまでも長く美しく敷きつめられていた。建物の外壁にも使われていた。

石を買った会社の人は、「これを子供が作ったとはとても信じられない」と言い、保護団体の人たちが、現地の、現場の子供たちのビデオを見せた。驚きの表情をし、取引を停止する、と言っていたが、保護団体の人たちは「彼らはそのことを知っていたはずだ」と言っていた。

美しい小物を作る子供たちにも、石を切る子供たちにも、一切笑顔はなく、大きな美しい瞳は、悲しみと厳しさと猜疑に満ちていた。

お釈迦様は二千五百年前、末法の世が来る、と言われた。「私は行けないが、その時、私の代わりに弥勒を世に送る」と言われた。

イエス・キリストは二千年前、「私はまた来る、私はまた来て、あなたたちを決してみなし児にはしない」と言われた。釈迦は入滅の時、「私は涅槃へ往く」と言われた。絶対自由の完全の悟りを開いた人の往く所。イエスは、私は父の元へ往く、と言われた。言葉は違うが同じ場所のことである。

二千五百年と二千年、二人に共通するのは先を見通す力、眼。それが聖者と呼ばれる人であり、何千年が経とうがその預言に一言の間違いも嘘もない。聖者というものは、この世の苦しみ、この世に存在する苦悩をなめつくした人のことである。

末法の世のいま、釈迦の預言の言葉通り、弥勒が今世に出てきた。「私はまた来る、再び来る」と預言したイエス・キリストの言葉通り、イエスはこの日本に再臨した。私はイエスの弟子、ペテロである。ローマ・カトリック教会が最も恐れ、そして忌み嫌う、ペテロであることは、まぎれもない事実であり、人間にはどうにもできない、真実である。

なぜ忌み嫌うのか?　それは彼らが「聖マラキ」の預言を知っているからである。三十二年間わかっていても、イエスの再臨を数行書くだけで、自らがペテロであるなどと書いたことは一度たりともない。もはや時が近づいたから、洗いざらい真実を言わねばならぬ時が来た。隠し隠し、遠慮しながら書いても何一つ意味がない。

釈迦の預言通り、弥勒はこの世に出てきた。しかし彼は自分が何者であるかを知る・見る能力を失っている。正しく見るべき所を見ず、ピントはずれの所を見ており、ゆえに正しいことが知らされない。

言っておくが、弥勒の世など来はしない。弥勒でさえ救われずに落ちていく時である。かつて神々と呼ばれた者でさえ数え切れぬ神々が裁かれ、霊魂共に消し去られる。最後の真実、つまり「最後の審判」の時である。

聖者の行進の時であり、また、最後の審判の時である。多くの神々、多くの聖者がボロボロと落ちていく。億々万劫からあった霊界は火で焼かれ水で流され、地球の消滅と共に霊界も消え失せる。

新しい天と地に住む者は少ない。

執筆動機は、キリストの日本再臨を世に知らしめること

作家志望でもない私が、本業のピアノ教師の職をかなぐり捨て書き始めた動機は、イエス・キリストの日本再臨を世に知らしめるのが目的であった。が、それだけでは三十二年間も書き続けられない。もう一つの動機は予知夢であった。

巨大な災害、数十万人が亡くなる超巨大地震、超巨大津波、一瞬にして水かさが増す恐るべき集中豪雨、多くの人の命を奪う、ゲリラ豪雨という言葉は三十二年前にはなかった。猛火の中を逃げまどう人々、火の海の中を懸命に私も逃げるが、燃えさかる火に囲まれ、その火のあまりの熱さで目が覚める。しばらく恐怖に震え、起き上がることなどできない。見たことも聞いたこともない、巨大な津波が押し寄せ、逃げまどう人々が波にのみ込まれていく。小さな子供の手を必死でつかんで、のみ込まれないように必死で片方の手でつかんでいる。巨大な波が来て子供の手が離れ、波にのまれたところで目が覚める。恐怖に打ちのめされ、身動きなどできない。

たたきつけるような雨が幾日も降り止まず、板でできた小さな筏《いかだ》に男が二人、小さな子

供が一人、飼っていた犬が二匹、そして私。雨が当たって痛いのと、ずぶ濡れになって寒くて震えながら、呆然と立ち尽くし、前の川を見ている。男たちは筏が流されないように大きな棒で必死で食い止めている。

目の前の濁流の中を無数の人が恐ろしい勢いで流されていく。雨の痛さ、火の熱さ、手を離した苦しみ、それらは三十二年が経った今でも身体に刻まれている。これでもか、これでもか、そしてまたこれでもかというように、恐怖の火と水の洗礼のありようを見せられ続けてきた。

恐怖のどん底に落とされても、それがいったい何なのか、あの火の海は、あの巨大な津波は、そのようなものは見たことも聞いたこともなかった私には、いったい何のことなのかまったくわからなかった。しつこいが、三十二年前には、数十万人が一瞬に死ぬ、数千人が一瞬に死ぬというような災害は聞いたことも見たこともなかった。最近いわれるゲリラ豪雨という言葉などなかったのだ。

自分の見た夢が確実に現実のものとなることを知った私は身震いし、震え上がった。それは間違いなく、これから起こることを教える予知夢であった。これだけの予知夢を見せられて、放り出すわけにはいかなかった。使命である、と私は確信した。だから蹴られても蹴られても書き続けてきた。真実を伝えるために――。

まだ現実に起きていないことが一つだけある。三年ほど前、まったく同じ夢を三回見て、あれほど見続けた私の予知夢はぴたっと止まった。まったく同じ夢を三回。

三年ほど前に見たこの夢を、まだ現実に起きていないこの夢を、私は忘れよう、忘れよう、と努力しているが、頭から離れることはない。必ず起こることを知っているがゆえに、口にすることさえできず、人に言ったことも書いたこともない。三年近く前のことである。全滅の夢である。

これは救済の書である。人々を救うための救済の書である。これから起こることを語る予言の書であり、地球上の誰一人知らない真実を伝える書であり、何よりも多くの人々を救うための書である。そのために霊なる神は、人間にとって気の遠くなるような年月を待たれた。人間にとっては気の遠くなるような歳月も、霊なる神にとっては一瞬の時でしかない。

「神にとって、千年は一日のごとく、一日は千年のごとく」宇宙の創造から今日まで、霊なる神にとっては、一瞬のまばたきにすぎない。

まず、言っておかなければならないことがある。「神は霊」「神は愛」これが本当の神の正体である。

基礎中の基礎であるから、忘れないでよく覚えておいてほしい。「神は霊」イエスの言う「聖霊」のことである。「私亡き後、聖霊が、あなた方をあらゆる真理へと導いてくださる」とイエスが言った言葉は、真実本当であった。

二千年前は十字架で殺されたが、今世、イエスは生きている。三十二年前、「聖霊とは何ぞや」イエスと共にあり聖霊を必要としなかった私たちは、「聖霊」の意味がわからなかった。この時にイエスと共に過ごした二年間のことを克明に書いても、誰一人信じる者はいなかった。九年間世に知らしめようと頑張ったが、無駄に終わった。

それ以後、このことについては二度と書くまいと私は自分に誓った。だから私たち弟子のイエスとの出会い、そして別れはもう書かない。「私亡き後、聖霊が、あなた方をあらゆる真理へと導いてくださる」イエスの二千年前と今世イエスに言われたその言葉に嘘はなかった。その言葉の通り、私は聖霊によってあらゆることを教えられ、あらゆることを見せられ、聖霊の存在と共に今日までを歩んできた。

特別なことは何もしない。試練の時は試練に耐え、喜びの時は喜び、苦悩の時は苦悩し、霊なる神が、じっと私の成長を待ってくださったように、私も待たねばならないと思う。じっと待つ、それが神の愛である。一足飛びに成就したり成長したり、完成したりしはしない。神がそうであられるように、私たちも辛抱強く、耐え、待たねばならないと思う。

「神は霊」「神は愛」この二つ以外の何ものでもない。

私の言うことをよく噛みしめてほしい。「神は霊」であり、そのご自分の「霊」と「光」とで霊なる神は人間を創造された。人間も動物も霊体で生きるのが本当の姿であり、その霊体は、霊なる神の「霊」と霊なる神の「光」とで創られている。

聖霊によらずして人間をはじめ万物は存在しない。「霊主体従の法則」で、聖霊の霊と光によって創られている私たちの親は「聖霊」である。肉体の親も大切であろうが、霊と光によって創られた真実本当の親を知ることは、もっと大切なことである。

目には見えない天地創造の神、「聖霊」以外、霊体や肉体を持った者は誰一人神などではない。どれほどの聖者であろうと、「霊なる神の子」である。本当の親は「聖霊」であり、その霊と光とで人間と万物は創られている。これは最も大切なことであり、人間の基礎である。

偶像を拝してはならない。蛇《へび》や龍《りゅう》やキツネや、ローマ法王でさえ神ではないのに。ローマ法王でさえ聖霊の霊と光によって創られた皆と同じ、ただの神の子、聖霊の子である。

この事実を認識できない者は、ただの一人も霊なる神の創造、「新しい天と地」へ行くことはできない。

何も握りしめてはいけない。何も悲しむことはない。常に私たちは親と共にあるのである。私たちの本当の親は霊なる神である。それを認識できる者だけが、新しい天と地に永遠に住む。


天と地の創造主、創造の始めは天と地というものはなく、すべての惑星は水晶でできていた。太陽も月もこの地球も皆水晶でできており、三つの兄弟星は光など放ってはおらず、ただ水晶色にキラキラと輝いていた。

人間のため、万物のため、太陽は今のようにまっ赤になって火を照らさねばならず、月は地球のために、夜の闇夜を照らさねばならなくなったが、すべての惑星がそうであったように、日星、月星、地星（このような名前さえはじめはなかった）も、水晶で創られ、それぞれが水晶色に美しく輝いていた。

ここことは違う三つの兄弟星、水晶でできており、三つのキラキラと何もかもが澄み切って、水晶色に輝く、人類の見たことのない、この地球にはない世界だから、人類の誰一人見たことはないはずである。他の汚れた、あるいは高度に発達した他の惑星に住む者たちも、この世界を知り、見た宇宙人はいない。

新しい天と地、新しい三つの水晶でできた惑星、そこがそうである。

宇宙創造の始め、三つの水晶惑星に、霊なる神は、ご自分の霊と光によって人間をはじめ、動植物を創られた。霊体で生きるのが私たちの本当の姿であり、ではなぜ私たちが肉体を持たねばならなくなったのか、あれほどの美しい世界に住みながら、死のないあの水晶色に輝く幸福に満ち満ちた世界に住みながら、なぜこのような肉体を持ち、生、老、病、死の苦しみの多い人生を送らねばならなくなったのか。それは私たちが「愛」を失くしたからである。

「愛を知り、愛を学び、愛を取り戻しなさい」と子供を産む必要もない、病気も死も老いもない、結婚など一切ない、ただ霊なる神の愛によって創られ、霊なる神によってこよなく愛され、愛という言葉さえ必要なく、ただただ「愛」に満ちあふれた若く、美しい兄弟たちしかいない世界から、あの幸福に満ちあふれた世界から、私たちは「『愛』を学んできなさい」と言われて肉体を持たされ、霊なる神によって生、老、病、死の苦しみ多い世界へと放り出されたのである。

「神は霊」「神は愛」この二つ以外の何ものでもない、と私は言った。「愛」なき者はあの水晶世界には住めないのである。

気の遠くなる年月を私たちは生きてきた。人間にとって億々万劫の時も、霊なる神にとっては一瞬、まばたきである。「霊なる神にとって千年は一日のごとく、一日は千年のごとし」である。

新しい霊なる神の創造である三つの水晶惑星ができた。太陽とか月とか地球とかいう名もない、水晶でできた三つの美しい兄弟星である。私たちは最初に帰る。終わりの時、そこへ行く者と、行けない者との立て分けのため、二千年の時を超え、イエス・キリストが再臨した。霊なる神、聖霊の命を受け、人間を分け、救われる者、その霊魂を火で焼き払い水で押し流される「霊なる神」の命を受けて、その立て分けのために、イエス・キリストが再臨した。

肉体をどれほど殺しても、ご自分の霊と光とで創られた霊なる神、聖霊以外、人間の霊魂を消滅させられる者はただの一人もいない。殺人者はいくら人間の肉体を殺しても、彼らは死んでなどはいない。本来の霊体で生きている。この霊体、霊魂を消せるのは創造主である。それらの創り主である霊なる神以外に誰にもできはしない。イエスにだってそれはできない。

立て分けをするのであって、消滅させるのは霊なる神以外にできる者はいない。惑星の一個も創れない人間が、星の一個も創れない人間が、すべての惑星が水晶で創られていたことも知らない人間が、太陽、月、地球が三つの兄弟星であり、霊なる神が三つの新しい兄弟星、水晶でできたキラキラと美しく輝く惑星を創造されたことを知らぬ人間が、そこに住む者となるか、太陽、月、地球を含む、大いなる一つの銀河と共に自分たちの霊魂が消滅する運命にあることも知らぬ人間が、である。

爪の一個も創れない、すね毛の一本も創れない、心臓の一個も創れない、目玉の一個も創れない、できないことばかりの人間は、自分の死ぬ日さえ知らない。だから、人間はもっと謙虚になるべきである。私たちはもっと謙虚になるべきである。三十二年間私はそう言い続けてきた。「改心せよ！　改心せよ！　改心せよ！」と、ノアが人々に近く大洪水が来る、と人々に訴え叫び続けたように。

ノアのそんな姿を人々はあざけり、せせら笑っていたが、いち早くそれを察知して宇宙船で脱出した悪い宇宙人たちは、宇宙船の中から見た地球のあまりの惨状に、ガタガタと震えながらすべてが水でおおわれた地球を眺めた。

神に教えられた通りの箱舟を造ったノア一族とつがいのたくさんの動物、数ヶ月は暮らせる動物たちと人間の食料や水を積んだ箱舟は、アララト山のてっぺんに止まり、あとはすべて水に流された。生き残ったのはノアと息子やその妻や、つまりノア一族とたくさんのつがいの動物たちだけである。


三年ほど前に見たのは、アララト山を越えるような高さの水が静かに音もなくすべてをのみ込みながら眼前に迫ってくる夢である。いつもと変わらぬ日常を過ごしている時、なぜか三度共一面総ガラス張りの建物の中にいる。何一つ変わらない、よく晴れた日常である。

ふと何気なくガラス張りの建物、一階建ての時、高い建物のビルの時、場所は違うが、一面総ガラスでできている。お茶を飲みながらふとガラスの外を見る。静かに音もなく、アララト山のような巨大な水がすべての建物、町をのみ込みながら眼前に迫っている。人々はパニックになり、大混乱が起きる。もはや誰も助かる者はいない。

建物の中を逃げまどう人々の中で、覚悟を決め、私は立ちつくす。この同じ夢を三度見て、私の予知夢は終わった。あれほど見続け、いったい何のことかわからず、それが、現実に起こることを知った、予知夢というものであることを知った私であるが、この夢を境に、新しい天と地、水晶で創られた水晶色に輝く美しい世界へ行き驚嘆する夢は見たが、火と水の洗礼の夢はこの巨大な静かに音もなくすべてをのみ込みながら迫る巨大な海の夢を最後に、もう何も見なくなった。

これが何を意味するのか、私は知らない。ノアの話は知っていても、アララト山のてっぺんに、ノアの箱舟らしき巨大な舟の残がいが今も残っていることは知っていても、アララト山のような巨大な山のような水がすべてをのみ込む、この夢がいったい何を意味するのか、私にはわからない。聞いたことも見たこともないのだから。

一つ思うことは、レオナルド・ダ・ヴィンチは最後に、荒れ狂う水、水、水を、鋭いタッチで荒れ狂う水の絵だけを描いている。葛飾北斎の絵の中に、巨大な波を左側に配し、右側に小さく小さく描かれた富士山の絵がある。巨大な波が富士山をのみ込もうとしているように見える。

ダ・ヴィンチの荒れ狂う水。北斎の巨大な襲いかかる波と小さな小さな富士山。なぜこの二人がこのような水と、のみ込まれそうな——ではなく、富士山は完全に波にのみ込まれている――水と山を描いたのか。それは同じものを見たからではないかと思う。

ノアの話は皆知っていても、それを上回る話など人類の誰も経験したことのない、聞いたこともないのだから、それがいったい何を意味するのか、当の本人の私にもわからない。

一つだけはっきりと言えることは、太陽が爆発し、地球や月や火星や木星や金星や、その他名もない銀河を巻き込んで、天が燃えつきるさまを、大いなる一つの銀河の消滅を見る者は、地上には一人もいない、ということである。なぜならば、その時地上に生息する者は一人もいないからである。

本書は聖霊に見せられ、教えられたことを書いた希望の書である

これは希望の書である。

霊なる神、聖霊に見せられ、教えられたことを私は書くが、あくまでも希望と救いの書である。正直者は馬鹿を見ない、そのことが証明されるのである。終わりまで耐え忍ぶ者は救われる、とイエスは言ったが、実にこのような世界で生きていくのは苦しくつらい。

さらにこれから厳しさは増すだろう。だから希望と救いを伝えるのが私の役目である。「この世は苦である。苦を常態と思え」というお釈迦様の言葉に若い頃は正直反発したこともあったが、今はこの言葉の意味することがよくわかる。生、老、病、死という苦。孤独という苦。

「神は霊」「神は愛」この二つ以外の何ものでもない、真実の神の姿とは、と私は言った。「神は愛」である。その霊と光によって創られている人間は、万物は、「愛」がなければ生きてはいけない。

神は愛であるのだから、人間が愛を失ったら、もはや生きていくことはできない。使い古され、形骸化した言葉であっても、創造主の真の姿が霊であり、愛である限り、創られた人間が愛をなくしたならば、いつまで待ってもそれを取り戻すことがないならば、消滅させられてもしかたがない。

どれほど待てば人間は愛を取り戻すのか、億々万劫という長い期間自分の代理として聖者と呼ばれる人たちを地上の人間のために愛に目覚めるように、一番大切な真理に目覚めるように地上に送りながら、人類の愛と真理への目覚めを待たれた。それが私たちの唯一の、真の幸福だからである。霊なる神は、必ず人を使われる。霊なる神が何かをされる時、必ず人間を使われる。

人間の苦悩をなめ尽して霊なる神から遣わされた釈迦やキリストを人間は迫害し、イエスに対してなど、「殺せ！　殺せ！　殺せ！」の大合唱をし、侮蔑し、嘲弄し、脇腹を槍で突き刺し、両手両足を釘で打ち抜き、十字架につけ殺した。

キリストが死んで三年後、イエスの弟子たちと一緒にいたステファノが、「この男もあの男たちの仲間だ」と言われて捕まり、同じユダヤ人同士でありながら、寄ってたかって人々はステファノに石を投げつけ、石でステファノを殺した。殺してもいいか、と人々が尋ねた相手がパウロであり、殺してもよい、と彼はうなずいた。

後にパウロは突然目が見えなくなり、「サウロよ、サウロ、あなたはどうして私の弟子たちをそのように迫害するのか、今日からあなたはサウロを改め、パウロと名乗りなさい」云々などと、イエスの声が聞こえ、パウロは一見改心したように見えるが、エマニュエル・スウェデンボルグも書いているように、「パウロは地獄にいて、彼の書いた書簡は霊界で、何一つの役にも立ってはいなかった。彼は仲間を集め、自分たちが神になろう、自分たちがすべてを支配する者となろう、と言い合いながら、上に登っては落ち、上に登ってはまた落ち、と馬鹿のように同じことを繰り返し、まったく意外なことに、パウロは地獄に落ちていた」。スウェデンボルグの『霊界からの手記』（今村光一・抄訳、経済界）の中に書いてあったことである（筆者による要約）。

パウロの書簡は、この世でも一切何の役にも立ちはしない。実に馬鹿げた書簡である。しかし、二千年前も今世も、イエスが、「サウロよ、サウロ」と声をかけられた男であるがためなのかどうかわからないが、二千年前も私は、二人共殺されるまで、つまり最後の時まで彼とだけは一緒にいたし、今世も、イエスを知らない彼と、もう三十年近く私の後をくっついて離れない彼と「二千年前も地獄に落ちているくせに、また今度も地獄へ行く気か!!」と何度もこのような会話をし、私の持ったすべてを彼に注ぎ込んでいるのに、「その傲慢は何とかならないのか！　あんたは十九の時から傲慢男だったよ」という会話を何度したことか。

三度ぐらい男泣きに泣いて「どうしたらいいのかわからない」という彼に「その言葉はもう聞き飽きた。私の前にもう姿を現しなさんな、もし現れたら怒鳴るよ」こんな激しい会話をしながらも、なぜか二千年前と同じように、最後まで同行者である運命なのか、私の後を追うようにくっついてくる。

彼にも教えたが、「ユダ」はイエスを裏切った悪魔のように世間ではいわれているが、彼は地獄へなどは行っていず、死んだ後、天国へ行った。イエスと同じ所へユダは行った。これは私が霊なる神から教えてもらったこと。裏切り者のユダは、イエスのいる天国へ行き、あなた、パウロは地獄へ落ちている。なぜか。

ユダはイエスを裏切った後、悔いて悔いて大声で泣き詫び、狂うほどに後悔し、心の中で懸命にイエスに詫びた。今世でも彼は周囲に固く心を閉ざし、狂っていった。神殿の横に一人たたずむ彼に近寄って、「あなたはいったい何をしたのか、あなたはいったい何を言ったのか」二人の間で短いやり取りが交わされた。その時私は彼が師であるイエスを売り渡し、裏切ったことを知った。重い沈黙が私の中に流れた。当時彼は二十八歳。私は三十二歳であった。

私などよりもっとずっと前から彼はイエスの弟子であり、私の目からみても、周囲の誰よりも彼が一番礼儀正しく、几帳面で、いつもきちんとした身なりをし、誰よりもイエスに信頼され、誰よりも一番イエスに愛されていることが、わずか二年しか行動を共にしなかった私にもわかった。イエスと彼の信頼の強さは、私など入るすきのないはどのものであった。私が出会うもっとずっと前からの師弟関係であったから、特別なもの、特別の信頼、愛、それを感じながら、決して二人の中に入り込むことなどできはしなかった。ただ一番愛され、信頼されている弟子、そのことだけは私にもよくわかった。

「あなたはいったい何を言ったのか」「あなたはいったい何をしたのか」今でもあの時の端正な顔をした彼の顔や表情や、短いやり取りの言葉を、はっきりと覚えている。その後、彼は狂っていった。思い出すのもつらく悲しく、苦しくなるが、次第に彼は狂っていき、そして完全に狂ってしまった。二千年前とまったく同じように。

彼に話を聞いた連中は、完全に狂った彼を「煮て食おうが、焼いて食おうが、好きにしてくれ」と言った。しかし彼は狂うほどに悔い、裏切ってしまったことを心の中で心底イエスに詫びた。

彼が死んで後、どこへ往ったか私にはわからなかった。しかし霊なる神は、「ユダは地獄へなどは往ってはおらん。彼は天国にいる。イエスと同じ天国にいて、光り輝く世界で、光り輝く姿で、イエスと共に至福の時を過ごしている。原始十二人の弟子は十二人であり、ただの一人も欠けてはいない」と言われ、そうか、と私は思った。人間の弱さによる罪は許されるのだ、と思った。

人間の傲慢による罪は決して許されることはないが、ユダが天国へ往ったということは、人間の弱さによる罪は許され、何よりも彼は狂うほどに後悔し、心の底からイエスに詫び本書は聖霊に見せられ、教えられたことを書いた希望の書であるた。

今世でイエス・キリストに出会った時、そのとてつもない大きな偉大な魂と、自分のあるかないかもわからないような小さな小さな魂の違いに驚がくし、二年の間に、この人のためになら死ねる、この師のためになら私は死ねる、と確信したことは確かである。

二千年前、「師よ（主よ）、私は決してあなたを裏切ることはしません！　どこまでもあなたと共にいます！」と言うと、イエスは「鶏が三度鳴く前に、あなたは私を知らない、と言う」と言われた。イエスというお方は、ものすごい予言者であり預言者である。信じられないぐらいの。

イエスが捕まった時、「この男もあの男と一緒にいた男だ」と捕まりそうになったので「私は知らない、あの人なんか、私は知らない」と、逃げまくり、大きな木の陰にかくれて、イエスが取り押さえられ捕まるのを私は見ていた。今世でもまた同じことをやった。イエスが追放された時（今世イエスは生きている。最後の審判のために再臨したのだから死んではいない。生きている）、二人の絶対権力者によって追放された時、この二人に向かって「私はあの人を知らない、あの人の直弟子ではなかった」と言って二千年前と同じように裏切った。家に帰り、ひっくり返ってワーワー大声で三日泣いた。

書けば簡単だが、二千年前も今世も、嵐であった。嵐のような日々であった。

ユダと私は、まったく同じ罪を犯した。

イエスを裏切った罪において、ユダと私、ペテロはまったく同じ罪を犯した。ユダとペテロの罪は、何一つ変わらぬ同罪である。ユダが地獄へ往ったなら、私も地獄へ落ちた。が、しかし、それは人間の弱さによる罪であり、決して傲慢による罪ではなかった。かくしてイエスの再臨と同時に私たちかつての弟子たちもまた、今世この世に現れた。裏切り者であるにもかかわらず、ユダと私はイエスに許されたこと、霊なる神に許されたことを、心から感謝をすると共に、あきらめずにその使命を果たさねばならぬと思う。天国の門の鍵を渡された者の使命を。


パウロはステファノが石殺しにされることを知り恐ろしくなり、散り散りになって遠くへ逃げ出した弟子たちをどこまでも追いかけ、ローマ兵に引き渡し殺させていた。その行動力は、どんな遠い国までも飛んでいく、それは弟子たちには遠く及ばない。実に身軽な、驚くべき行動力であった。

それは今世でもまったく変わっていない。実に身軽な行動派である。突然イエスの言葉と共にまったく目が見えなくなり恐怖のどん底に落とされたパウロは、まず常識的に考えて、イエスと共にいて、イエスの教えを学んだ弟子たちについてイエスの教えを学ぶ、それが一般常識であろうと思う。が、彼は、この三十年近く、イエスの教えを懸命に伝え、自分がされたと同じように、自分の持ったすべてを彼に注ぎ込もうと必死で頑張ったが、彼は「何一つ心に入ってこない。どれほど言われても心の中がからっぽで、何も心に入らない」と言い、二千年前も、そして今世でも、突然盲目にされた恐怖から、「イエス・キリスト」という名前だけを心にしっかりと抱き、イエスの教えとはまったく別の、自分なりの信仰を持ち、イエス・キリストの名を語りながら、今世も、二千年前も、そして三十年近く経った今でも、パウロ教を打ち立てている。何一つイエスの教えは彼には入らないのである。完全に独立したパウロ教である。

それゆえに、スウェデンボルグが言ったように、「霊界で彼の書いたパウロの書簡は何の役にも立ってはいなかった」。聖書の中にあるパウロの書簡はまるで支離滅裂でまったく意味を成していない。何の価値も見出すことはできず、スウェデンボルグの言うように、いまだ、何の役にも立ってはいないのである。あれはイエスの弟子の言葉ではなく、イエスの教えをかけらも学ぼうとはしなかった、傲慢な人間の、傲慢男の一人よがりの書簡である。

「あなたはまた地獄へ行くつもりか。もう往く所はないんだよ。霊界は消えてしまうんだよ。今まではあったけれど、もう霊界はなくなるんだよ。新しい天と地以外、もう往く所はないんだよ」虚しいこととは知りながら、こんな会話を交わしている。なぜパウロが選ばれたのか、それは彼の行動力であると思う。

どれほど遠い国であろうと、「イエス・キリスト」という名前だけを引っさげて、彼は一人遠い国へと布教に行くことをいとわなかった。イエス・キリストの名のもとに、パウロ教であったとしても、はるか遠い国までも彼は一人で布教して回った。

もしパウロの存在がなかったならば、キリスト教というものがここまで広まることはなかったろう。私たち弟子にはできないことを彼はやった。イエス・キリストという名を広めるため、世界の果てまで一人で布教して回った彼の行動力が、キリスト教をここまで広める一因となった、と私は思うし、正直に彼の行動力に敬服する。だからこそ新しい天と地へ往く者となってほしいし――。それは霊なる神がお決めになることである。

私は、キリスト教徒にはならない

そもそも、イエス・キリストだのパウロだの、モーゼやルカ、ダニエル、ステファノ、ヒットラー（霊なる神に遣わされた者）、アブラハム、ダビデとその息子、ソロモン一族のことがこれから出てくると思うが、私はキリスト教とは一切無関係の人生を送ってきた。中学三年間ミッションスクールに行き、土曜日は教会に行って出席の印鑑をもらうため教会へ行ったが、牧師様の印鑑をもらわないと欠席になってしまうので、中学の時教会へ行ったことはあるが、今でもはっきりと覚えているが、そこに集まってきている人々を眺めながら、「この人たちは、こんなおとぎ話のようなものを本当に信じているんだろうか。この大人の人たちは、こんなものを本当に信じているんだろうか」というのが正直私のぬぐい切れない疑問であった。私にとってはまるでチンプンカンプンのおとぎ話であった。

一般の人々も、そして他の生徒の中からも、洗礼というものを受ける人がたくさんいた。何をどう言われようと、他の生徒がみんな洗礼を受けたとしても、私は洗礼など絶対に受けない、と心に固く誓いながら教会に通った。洗礼など決して受けない、という私の決心は固かった。教会に来る大人の人たちや、そして私たち生徒も、教会に通う以上、必ず洗礼を受ける、という雰囲気があった。キリスト教徒となるのである。

しかし私は、決してキリスト教徒にだけはならない、と最後まで一人ふんばり、洗礼など受けなかった。中学三年間の出来事である。中学の時から、今現在も、キリスト教であろうが何教であろうが、何々教団と聞くだけで私は拒絶反応が起こる。どんなに楽しい教会生活であっても、どんなに牧師様がやさしいお方であっても、次々と人が洗礼を受けていっても、自分だけは流されない、雰囲気にのまれない、その素地は中学の時からあったようである。

まるでキリスト教ではないかと誤解を受けそうな内容であるので、誤解のないようにしてほしいが、私は洗礼も受けていない、完全なる無宗教の人間である。宗教団体は、キリスト教も含め、私にとって激しい拒絶反応を示す対象でしかない。私は何も握りしめない。私は常に素手である。あるのは霊なる神との対話のみである。今までも、そしてこれからも、それだけは、何も持たない、握りしめない、素手で生きていく、霊なる神のみを頼りとして生きていく。これだけはこれからも決して変わることはない。

これから良い時代が来る、と思う人は相当楽天的な人であろう。それとも現実を見ない人か、他人のことなどどうでもよい人か、そういう人たちであろう。

希望がなければ人間は生きてはいけない。この世は苦しみに満ち満ちているが、新しい天と地へ往く、もはや生まれ変わる必要のない歓喜に満ちた永遠の世界へ往く、それが私たちの唯一の希望である。この世は仮のものであって、お金持ちであろうが、病気一つしたことのないピンピンの健康体であろうが、早く死のうが、長く生きようが、それらのことはこの世界へ往くこととはまったくかかわりのないことである。

なぜこのようなことを言うかといえば、もうそこ以外に私たちの住む場所はなくなるからである。そこへ往く人は少ない。少ないその人たちを集めるために私は書く。

何度も言うが、「神は霊」「神は愛」である。霊なる神のその霊と光とによって私たちは創られている。誰一人その事実から逃れられる者はいない。だから人間が愛を失くしたならば、もはや生きることは許されない。億々万劫という長い時を待たれた霊なる神は、愛を失った人間を、もはや許されることはない。二千年など神にとっては一瞬の時である。「霊なる神の千年は一日のごとく、一日は千年のごとく」である。新しい創造の始めに帰るのである。

どれほどの長い間人間は殺し合ったか、どれだけの人間の死骸を積み上げれば人間は満足するのか。イエス・キリストから二千年、戦争、殺し合いは激化するばかりである。まるで遊びのように、ゲームのように戦争をしかけ、足ることを知らず、他の国の領土を奪い、欲深いこの人間の行いを、もはや霊なる神は許されない。神の忍耐のタイムリミットが近づいている。

遺伝子、ＤＮＡとは、画家が自分の作品にサインをするように、これは私の創ったものだ、という霊なる神のサインである。決して、どのようなことがあってもこれを人間がいじることは決して許されないのである。神の領域なのである。戦争をして何十万もの人間を殺して町中を粉々にして破壊し、それをまた再建するという、愚かすぎる人間などが、決して手を出し、手を加えてはならぬ神の領域なのである。

包丁を一番最初に作った人は、これがまさか人を殺す道具に使われることなど想像だにしなかったろう。核を発見した物理学者たちは、これが原爆や水爆という大量殺人兵器となり、地球が粉々になり消えてしまうことなど思いもしなかったろう。平和維持という名の下に、地球を何十回も粉々にできる恐るべき大量の原子、水素爆弾が地球上にあふれることなど彼らは想像もしなかったろう。

核ビーム戦争で、いくつもの惑星を今までも人間は粉々にし、核戦争を起こし、月も金星も木星、土星、火星も、生物のまったく住めない、草木の一本も生えない惑星にしてきた。ムー大陸やアトランティス大陸も、核戦争を人間が起こしたために沈んだ。

今に始まったことではない。人間の愚かさであのような姿になった火星を人の住める惑星に再生する計画があるとテレビのニュースで言っていたが、地下で戦争をし、遊びのように、テレビゲームのように戦争をし、大量殺りくと国の完全破壊をしていて、それを再生する、という火星再牛計画とやらはそれとまったく同じであり、人間というものの愚かさの極みであり、子供でも賢い子は決してしない。

大人の人間の馬鹿さかげんの露呈であり、こういう人間を霊なる神はもういらない、と人間では決してできない、霊魂の消滅、霊肉共の人間の消滅をこの度はもうこれ以上は待たないぞ、と実行されるのが、イエスの時代から言われていた本当の、「最後の最後の霊なる神の人類と太陽系銀河の消滅、最後の審判」なのである。人間の愚かさに、凡人である私はあきれている。霊なる神や、イエス・キリストなどなおのことである。

霊なる神は言われる。「一を聞いて十を知る人間以外、私はもういらぬ」と。

霊なる神の霊と光ですべての人間は創られているのだから、どうあがこうと、いかんともしがたい。DNA操作によって作られた人間やおぞましいものたちなどいの一番である。

ＤＮＡ、遺伝子とは霊なる神の人間と万物に与えられたサインであるため、純粋人間は、必ず、創り主、親である所の霊なる神を思い出し、見出す。

私が霊なる神の存在を間違いなく、はっきりと認識したのは五歳の時であった。私は五歳の時から夜寝る前、誰にも気づかれぬように、ふとんの中で小さな手をあわせ、「（あの天と地を創った）神さまお休みなさい。（三十三歳で死んで顔も知らない）お父さんお休みなさい」五歳の時から私は天と地の創造主、霊なる神と顔を知らない父とに、「お休みなさい」と、誰にも知られないように小さな手を組んで、寝る前に言うのを一日も欠かしたことはなかった。五歳の時、私は霊なる神を見出し、その存在をしっかりと認識した。

それは、親を思い出すためにつけられた、霊なる神のサイン、ＤＮＡのせいである。

純粋人間は、そのＤＮＡのせいで、必ず、間違いなく天地創造の神、霊なる神、自分の真の親、真実の親を見出す。この親の霊と光とで自分が創られているのだから。肉体はつけ足しである。つけ足しという言葉が悪いならば、人格完成のために肉体を与えられた。愛を知り、愛を取り戻すために、つけ足しの肉体を与えられた、と言おう。

ダーウィンは、人間の祖先は猿だと言った。ずっとさかのぼって、はるか昔までさかのぼって、自分の祖先は、自分の親も猿なのだ、と気がつき、思い出したのだろう。猿が進化しても人間には決してならない。雀が進化しても鳩や白鳥やメジロやカラスなどには決してならない。猿が進化してオランウータンやゴリラには決してならない。

猿が進化してなぜ人間などになるのか。それを世界中の人々が、この日本も含めて学校教育で、人間の祖先は猿などと授業で教えるのか。自分の頭で物を考える人ならば、どんなに高名な人であろうと、人の意見に流されない人であるならば、こんな馬鹿気たことを信じたりはしない。

ダーウィンは自分の創り主、親を思い出したのである。彼のDNAに刻印された親の正体は猿であったのである。つまり、人間の手によって、DNA操作によって猿と人間とをかけ合わされ人工的に人間が創造したその子孫であったから、彼は人間の祖先は猿と言ったのである。

はるか遠い昔から人間はDNAをいじり、操作し、さまざまな動物や植物を操作し神になったつもりで、人間と動物をかけ合わせてみたり、人間と獣の姿をしたものを創り出したり、ありとあらゆるおぞましいものをDNA操作で創り出してきた。そのつど神の激しい怒りを買い、文明ごと滅ぼされてきた。シュメール文明が核ビームを持っていたと共に、シュメール文明人たちは、今現在の世界とまったく同様に、遺伝子操作を飽くなく続けていた。

決して侵してはならない、霊なる神の領域を平気でズタズタと侵し、おぞましい物を創り続けた結果、一瞬にして文明はそこにいた人間もろとも滅ぼされた。億々万劫の昔から核と遺伝子操作、この二つによって高度な文明は神の激しい怒りを買い数え切れない文明が滅ぼされた。ソドムとゴモラが原爆によって滅びたように、火星や月や金星が核ビーム戦争によって生物の住めない惑星となったように、あるいは宇宙核戦争によってアトランティスやムー大陸が沈んだように、核によって滅びるのは人間のせいであり、自分らが創ったもので自分らが滅びるのであり、霊なる神のせいではなく自業自得というものであるが、遺伝子操作だけは違う。

遺伝子、DNAは、霊なる神の人間と万物につけられた、神の創造の証しであり神の刻印である。これを人間がいじり出した時、神の怒りは頂点に達し、必ず、間違いなく滅びが来る。

臓器をあちこち移す所までは私はまだ冷静を保つことができた。心臓を止めるのは霊なる神以外誰一人できないことを、心臓を取られた者は霊界で、「私の心臓はどこだ、私の心臓がない、私の心臓はどこにある」と心臓心臓と延々と自分の心臓を捜し続ける霊界での生活だろう、とは思ったが、好きなようにすればいい、私の知ったことではない、と思っていた。が、まだ数十年しか経たないだろうが、人間がＤＮＡ、遺伝子操作をやり始めた時、私の背筋は凍りついた。さらに急激に遺伝子操作が日常と化すにつれ、終わり、滅亡が近づいたことを私はひしひしと感じる。

霊なる神の刻印、霊なる神の遺伝子、ＤＮＡを持つ者は、霊なる神のその霊と光とによって創られた者であることを知り、目には見えない霊なる神が親であり創り主であることを認識し、知る。

一点の曇りもないこの世界には、一点の曇りでも持った者は行けない

最初から子供などはいない。肉体世界のように赤ん坊など存在しない。どれほど年を取った老人も、この世界へ往けば一瞬にして地球年齢十八歳ぐらいになる。年齢など存在しないが、赤ん坊も死んでこの世界へ往く者は、赤ん坊の姿ではなく、一瞬にして十八歳ぐらいの霊体を持った者になる。

年齢も言葉もない。霊と光とで創られた霊体は皆まぶしいほどの光を放っているが、そこは水晶色に輝く、一点の曇りもない、夜もない世界であるので、まぶしいということはない。男も女もない。結婚もない。愛を持った人間だけが住む、霊なる神に創造された人間が住む、肉体を持って生きた時、それを知り、最後まで愛を見失わなかった者だけが住む永遠の世界、死も苦しみも悲しみもない、霊なる神が「愛」であられるように、愛だけしか存在しない、愛に満ち満ちた歓喜の世界であり、そこに住む者は兄弟である。

一点の曇りもないこの世界には、一点の曇りでも持った者は行けない。入れないのである。あまりにもまぶしすぎて、苦しくて行くことはできない。嫉妬や妬みや裏切りや嘘や、羨望や足ることを知らぬ欲や、偽善や欺瞞《ぎまん》、傲慢、残虐。殺人だけが曇りではない。

これらに満ち満ちた世界にあって、何のために肉体を持って生まれてきたのか、愛を最後まで持って生きる、人格完成のため肉体世界に生まれてきた。

「父が完全であられるように、あなた方も完全な者となれ」とイエスは言った。「愛」を持って最後まで生き抜け、という意味である。宗教者に多い、頑固、頑迷、排他など言語道断である。排他のかけらがあってもこの世界には行けない。宗教者や霊能者はよく、

「あなたのご先祖があなたのそばにいて見守っています」と当然のごとくに説法しているが、そんなご先祖は成仏していないで周りをウロウロしているだけのことである。

「夜はお墓に帰っていますが」と高名な女のお坊さんは説法でよく言っている。あなたのすぐそばにいて、今日も付いてきていますよ、と必ず説法で言う。本気で言っているのか方便で言っているのか、それにしても法衣を着て頭を丸め、袈裟を着たお坊さんが、ステーキが大好物で、朝からでもステーキを食べたいとか、ホテルに泊まって大好物のステーキを必ず食べるとか、「お肉を食べないと元気が出ないでしょ？」と皆を前にした説法で、何度もステーキの話が出てくるのである。

日本中誰も知らない者はいない高名な作家お坊さんであるが、私はこのような人と兄弟になるのはごめんこうむりたい。お坊さんが大勢を前にして、肉、肉、ステーキ、ステーキ、というのは見苦しいし、あきれ果てて私は物も言えないし、肉を食べなくても元気は出ると私は思っているから、おそらくこのお方はあの水晶色の世界に往くことはない。兄弟になりたくない、と常々私は思っている。

そこは兄弟しかいない所であるから、好物の肉の塊《かたまり》、ステーキの塊でできた肉体を持った人など、霊体もまた重すぎて、光とはほど遠く、兄弟などには決してなりたくない。

私たち兄弟が光の仲間になりたい人、心からなりたいと思う人は、こういう人である。

「雨にも負けず
風にも負けず
雪にも夏の暑さにも負けぬ丈夫な体を持ち、欲はなく、
決してぃからず
いつも静かに笑っている

一日に玄米四合と、味噌と少しの野菜を食べ、
あらゆることを自分を勘定に入れず
よく見聞きし、わかり、
そして忘れず
野原の松の林の陰の、小さな萱《かや》ぶきの小屋にいて、
東に病気の子供あれば行って看病してやり、西につかれた母あれば、行ってその稲の束

を負い、
南に死にそうな人あれば、
行ってこわがらなくてもいいと言い、
北に喧嘩《けんか》や訴訟《そしょう》があれば、
つまらないからやめろと言い、
日照《ひでり》の時は涙を流し
さむさの夏はオロオロ歩き

みんなにデクノボウと呼ばれ

ほめられもせず
苦にもされず

そういう者に、私はなりたい」

宮沢賢治の「雨ニモマケズ」の詩である。
心底、私もそういう者になりたい、と思う。
南に死にそうな人あれば、行って怖がらなくてもいい、と言い、
ひでりの時は涙を流し、
さむさの夏はオロオロ歩き、

一日に玄米四合と味噌と少しの野菜を食べ

みんなにデクノボウと呼ばれ、

ほめられもせず、
苦にもされず

そういう者に私はなりたいと切に望み、年を重ね、気がついてみると賢治の言うことと

まったく同じ人生を歩んできた。

「一日に玄米四合と味噌と少しの野菜を食べ」自らステーキを食べたいなどとは決して思わず、好物と呼べる食べ物など今でもまったく思いつかず、一日二食の白米かパンと野菜か果物を食べ、食べる物にも他の物にも欲はなく、みんなにデクノボウと呼ばれ、この年になっても、子供の頃から優秀な成績で医者になった姉からすごい形相で叱られ続け、今でも会えば成績常に下位であった私は姉から見ればデクノボウであり、いまだに会えば必ず叱られ小言を言われるので、もう死ぬまで会うまい、と決心をした。

本業のピアノ教師の職を放り出して、三十二年間もまったく認められない原稿書きをしている姿を見た母は、私の目の前で深いため息をつき、「あんたは子供の頃からいじめられやすい性格だった」と言った。「何て親不孝な子なんだろう」と耳にタコができるほど言い続けた母にとって、私は完全にデクノボウである。

昨年（二〇〇九）四月、九十三歳で亡くなった母は、「何て親不孝な娘だろう」と最後まで言い続けた。自分が先に死ぬかもしれないと思うほど大変な思いで母の世話をしたが、ありがとう、という言葉は最後まで聞けなかった。親不孝の娘のらく印を押して、母は亡くなった。

子供の頃から母が亡くなるまで、ほめられたことはたったの一度もない。国立音大のピアノ科に合格した時も、全国から三十名の中に入れた時も、母は私をほめなかった。母と姉は非常に優秀で、私は小さい時から成績が悪く、デクノボウだったからである。

ほめられもせず、誰が何と言おうと我が道を貫いた私は、刃物でつきさすような二人の暴言から逃げ、完全に距離を置いて生きてきたので、母と姉にとっては私は何をしているのかさえわからなかっただろう。いったいどうやって生活しているのかさえ知られないようにしたため、苦にもされず、今まで生きてきた。

肉親愛のない悲しみが、私にはよくわかる。

宮沢賢治の先ほどの詩には、嫉妬とか妬みとか羨望とか偽善、欺瞞、傲慢、排他、貪欲、残虐など一般人間社会に渦巻いている罪、曇りなどは一点もない。宮沢賢治という人は、一点の曇りもない人である。

嫉妬とか妬みとか羨望とかいう感情がどういうものであるのか私にはまったくわからない。小さな子供の頃からこれらの感情を持ったことがないので、それがどういうものなのか、いまだに私にはわからない。理解できない。

「雨にも負けず、風にも負けず」と今でも一人つぶやいている。年を重ねたいま、宮沢賢治を心底いとおしいと思う。霊なる神に愛される人とはこのような人であり、新しい天と地へ往くのもこのような人であると思う。

賢治は三十代で亡くなったが、いくつで死のうが、若くして死のうが年老いて死のうが、霊なる神に愛されることとそれらは一切かかわりがない。金持ちであるとか貧乏であるとか、明日の糧に困る生活をしているとか、それらのことは新しい天と地に往くこととは一切何のかかわりもない。

日本人は、「金持ちは偉い」という考えを早く捨て去った方がよい。むしろそれとは反対のことを霊なる神は考えておられるから。ボロをまとったイエス・キリスト。イエスとその弟子たちの食べ物は、魚とパンとぶどう酒のみである。毎日、パンとぶどう酒と魚である。他の人々がぜいたく三昧にふけっていたあの当時、イエスとその弟子たちの食物は、ぶどう酒、パン、魚、それだけである。

お釈迦様はボロを着て、わらのぞうりを履き、首からは頭陀袋《ずだぶくろ》を下げ、弟子たちも同じようにボロの着物にわらぞうり、首からは頭陀袋というかっこうで、あちこちの家で供物《くもつ》をと言って食べ物をごちそうしてもらい、時の為政者に迫害され、いとこには殺されかかった。

イエスが「鳥には帰る巣があるが、私には帰る場所もない」と嘆いたように、イエスにもお釈迦様にも帰る家も雨やどりする家もなかった。二人共ボロを着て、弟子たちもまたボロを着て、裸足に近いぞうりを履いていた。今で言うならホームレスである。家を持たないのだからホームレスである。

釈迦は人々の家で食べさせてもらい、イエスとその弟子は自分たちで魚を漁り、信者の人々からパンとぶどう酒をもらっていた。ローマ帝国の支配下にあったイスラエルの民は、ローマ兵が数多く常駐し、ソロモン神殿や、総督ピラトの神殿がそびえたつ中で、ぜいたく三昧の生活をしていた。

その中で今述べたようなかっこうと食べ物で、家もなしである。「金持ちが天国へ往くことよりも、ラクダが針の穴を通る方がたやすい」とイエスは言った。日本人は早く頭を切り換えて「金持ちは偉い」という考えを改めるべきである。

良寛和尚は、小さな庵に一人で住み、首から頭陀袋を下げ、毎日喜捨を乞いながら修業をした。頭陀《ずだ》とは物質に対する執着を取り去り、悟りを開いた人の意味で、お釈迦様もこの頭陀袋を下げ、人々から喜捨をもらい、時には人の家で供物、供養をもらっていた。今で言えばお釈迦様も良寛和尚も、そして弘法大師空海も、くたびれた僧侶の姿をした物もらいである。

弘法大師空海は、麦わらぞうりを履き、くたびれた僧侶の姿で全国行脚《あんぎゃ》をしていた途中、四国へ立ち寄った。寂《さび》れてさみしい村の一軒の家の前に立ち、経を読み、鈴を鳴らしながら喜捨を求めた。中から一人のおばあさんが現れ、家の中へと招き入れた。

貧しい村の貧しい家であるため、おそらく、たくあんとおにぎりと味噌汁であったと私は想像するが、そのおばあさんは、貧しい僧侶の身なりの空海を、精いっぱいていねいにもてなした。

人を身なりで判断しないこのおばあさんは偉い人である。それがどれほど空海を喜ばせ、疲れた身体に温かいものを流れ込ませたか、後にわかる。心から感謝をした空海は、おばあさんに「あなたの望みを一つだけかなえてあげましょう」と言った。おばあさんは、「この村はすっかり寂れてしまい、今では人っ子一人この村に来る者もおりません。とても淋しい村で、私も淋しい思いをしております。この村に人がたずねてくるようになれば、もう少し人が来るようになれば、私も淋しくなくなります。どんなにうれしいことでしょう」と言った。

空海はこのおばあさんとの約束を守り、今では四国八十八ヶ所巡りで全国からあふれんばかりの人々が集まる場所となっている。菅直人総理まで、頭を丸め、お遍路姿で霊場巡りをしていた。

全国から四国八十八ヶ所霊場巡り、霊場祈願に訪れる人々が今も絶えることはない。発端は、貧しい人気もない村に住む一人のおばあさんと、貧しい身なりをした一人の僧侶、弘法大師空海との出会いであった。とても貧しいながら精いっぱいもてなしたおばあさんと全国行脚で大勢の人間というものを見てきた空海、その人との約束で、この四国の地の姿があるのである。人を見かけで判断してはならぬということである。

今はこれほどの力を持った僧侶にはお目にかかれない、というのが私の本音である。

良寛和尚は、草堂集の「僧伽《そうぎゃ》」という詩の中で

「落髪して僧伽となり
食《じき》を乞うていささか素《そ》を養う
自ら見る己にかくの如し
如何ぞ省悟《せいご》せざらん

われ出家の児を見るに
昼夜みだりに喚呼す
（略）
三界は客舎の如し
人命は朝露に似たり
好時は常に失い易く
正法もまた遇い難し
須《すべから》く精彩《せいさい》の好きを著《つ》くべし
手を換えて呼ぶを待つなかれ
いま、われねんごろに口説《くぜつ》するも
ついに好心の作《さ》にあらず
今よりつらつら思量して
汝がその度《ど》を改むべし
つとめよや、後世子
自ら懼怖《くふ》を遺《のこ》すなかれ」（『良寛』水上勉著、中央公論社より）

神が嫌うのは傲慢な人間

頭髪を剃って僧侶となり衆生に喜捨を乞うて修業する身でありながら、今の僧侶たちはなっていない。私がくどく言うのも決していいしわざではないが、僧侶たる者、名誉や利得の路に迷いこんではならない。明日といわず、すぐに今から、よくよく考え直してあなた方僧侶は態度を改めるがよい。

後世に生まれた者は、自ら勉励《べんれい》して、自らの心の中に不安や危惧を残してはならぬ。おおまかそういう意味であるが、僧侶をはじめ、一般の人間も、死んだら自分は「天国へ往く」とほとんどの人間は思い込んでいる。現代人の特徴である。「天国へ往ったあなた」「天国へ召された誰々」「天国から私たちを見守ってください」などと、皆「天国、天国」という。しかし死んだ者が皆天国へ往くなど大いなる勘違いである。地獄へ往っているかもしれないのに。

「死にたくない、死にたくない、と周りがどうしてやることもできないのを苦にしたぐらい、死にたくないと最後まで言い続けたおばあちゃん。やっと楽になれて、天国へ往ったおばあちゃん」現代人はやたら人が死ぬと天国へ往った、と言うが、天国とはそんなに甘い人間の往く所ではない。

何かに書いてあったこのおばあちゃんなどは、この世への執着があまりにもありすぎる。死というものを他人事として年ばかりを重ねてきたこのおばあちゃんが天国へなど往けるわけがない。

「ありがとう、さようなら」と言うべきところ、「死にたくない、死にたくない」などと、実に欲張りな人である。

良寛和尚など、生きてピンピンしている時から、後世に生まれた人々よ、と語りかけている。わかっておられる。悟りの境地と私が思う箇所は、

「三界は客舎の如し」

この世は仮の宿で、本当の世界は霊界であると言っている。霊主体従の法則をわかっておられる。

「人命は朝露に似たり」

人間というものは有限であって、皆必ず死ぬ。そのことをしっかりと自覚せよ、ということである。この二つの言葉で悟りの深さを知る。

「好時は常に失い易く
　正法もまた遇い難し」

　この言葉でさらに悟りの深さを知る。大愚に徹し、自らの愚鈍を知りなさい、と述べている。己を知ることが最も大切なことで、自分を知りなさい、自分の愚鈍を悟りなさい——良寛和尚の教えはこれである。最後まで大愚の人であり、人々よ、己の愚鈍に気づきなさい。自分自身を知ることが人間にとって最も大切なことです、と。

「皆からデクノボウと呼ばれ、ほめられもせず、苦にもされず」と言った賢治に似ている。自分の愚鈍を知りなさい、と言われたのだから。

　偉そうにしている人間など霊なる神は大嫌いである。

　霊なる神の嫌いな人間は、傲慢人間である。イエス・キリストの最も嫌ったのは偽善者である。ついでに私の最も嫌いな人間は嘘つき人間である。相手を、人間を尊重する心があれば、決して嘘というものはつけない。

　松下電器の松下幸之助氏が、もう九十歳近い頃だったと思うが、ある本に、「もし寿命を延ばせるものなら、私は今まで築いてきたもののすべてをなげうってもよい」と書いておられた。ずいぶんと欲張りなお方だなあ、としばし考え込んでしまった。

日本の経営の神様と呼ばれ、超有名な名声と地位と財を成したお方が、九十以上、それより寿命を延ばせることができるならば、地位も財産も会社も名声もすべてを捨て去ってもいい、と言っておられた。松下幸之助という人は、人々から神様のように言われているが、ずいぶんな欲張りじじいだなあ、と思った。

もし寿命が延ばせるならば、私はまだまだ世のため人のため、経営学の神様として人の役に立ちたいのだが……であればば何とすばらしいお方と思っただろうが、今まで築いた物のすべてをなげうってもよい、と言われると、単に死にたくないのだ、往生際が悪いのだ、もっと若くして死んで往く人々がたくさんいるのに、と思ってしまう。

どれだけの財を成そうが、天にも届く名声を得ようが、経営の神様と日本中の人々からあがめられようが、人間の寿命というものは定命ともいうが、霊なる神によって定められており、人間の力ではどうすることもできない。それが宿命である。

私たち人間は自分の死ぬ日さえ誰一人知らない。霊なる神によって生まれさせられ、生かされるのであって、自分の意志で親兄弟を選んで生まれたわけではない。「この親兄弟のもとに生まれ、生きていきなさい、苦しみは試練だ、その試練によって強くなりなさい」と言われるのであって、生まれることと死ぬことはあくまでも霊なる神の領域であって、我々はいかんともしがたい。

イエスは弟子たちに言われた。

「だから私は言う。命のために何を食べようか、体のために何を着ようかなどと心配するな。命は食べ物にまさり、体は衣服にまさるものである。空の鳥を見よ。播《ま》きも刈りもせず、倉も納屋も持たぬけれど、神はそれを養ってくださる。あなたたちは鳥よりもはるかに優れたものである。どんなに心配しても、自分の寿命を一尺のばせる者さえあなたたちの中にあるまい。そんな些細《ささい》なことすらできぬのになぜほかのことを心配するのか。

百合の花を見よ。それらは紡ぎも織りもしない。だが私は言う。ソロモンさえその栄華の極みにも、百合の一つほどにも装わなかった。今日は野にあり明日はかまどに投げ入れられる草をさえ、神はこのように装わせてくださる。ましてあなたたちに対してよく計らわれぬわけがあろうか。

五羽の雀《すずめ》は二アサリオンで売られている。しかもその一羽さえ、神の御前に忘れられていない。それのみか、あなたたちの髪の毛さえみな数えられている。

あなたたちは何を食べようか、何を飲もうかと心を煩わせることはない。また気遣うこともない。あなたたちにそれらが要《い》ることを、あなたたちが願わぬ先から父はすべてを知っておられる。だからただ御国と主なる霊、霊なる神、聖霊を信じよ、真理の霊を信じなさい」

いったいどういえば人々はイエス・キリストの日本再臨を信じてくれるのだろうか。キリストは火の洗礼をし、洗者ヨハネは水の洗礼をする、と言われてきたが、この三十二年間、キリストが再臨し、火と水両方の洗礼を地上の人間に与えるために再臨した、とずっと言い続けてきた。

今回は、火と水の両方の洗礼であり、最後の審判は火と水の両方であり、それを地上の人間に与えるためイエスが再臨した。改心せよ！　改心せよ、改心せよ！　神の激しく打ち鳴らす鐘が、私の耳に鳴り響いている、と。

「神への便り」を「愛の黙示録」と変えられたように、イエス・キリストの再臨の件と、「愛を取り戻しなさい、イエスの審判が始まりますよ。火のかまどに投げ入れられ、水で洗い流されますよ。霊界はなくなり、もう行くべき所はありませんよ」と言いたい。「改心せよ！　改心せよ！」と霊なる神の打ち鳴らす鐘が私の耳に鳴り響き、止むことがありません。どうか地球上の皆さん改心してください。愚かな戦争を止めてください。残虐に殺し合うことを止めてください。

「あなたたちは兄弟である。互いに愛し合え、私があなたたちに命じるのは互いに愛し合うことである。互いに愛し合え、それが私の与える掟である」イエスはこう言いました。イエスの人間に与えた掟は、「互いに愛し合え、あなたたちは兄弟である」。しかし私の必死の叫びもむなしく、地上の人間は、裁きの前の動物に等しくなってしまった。はっきりと言う。人間は、人類は、裁きの前の動物である。そのためにイエス・キリストは再臨した。証拠を見せよう。

「朝早く町に帰る時空腹だったイエスは道ばたにある一本のいちじくの木を見てその下に来たけれど、木には葉だけで実はなっていなかった。イエスは〝これからおまえは二度と実をつけるな〟とイエスが言うと、そのいちじくの木はその場でたちまちに枯れてしまった。これを見た弟子たちは驚き、〝いちじくの木がどうしてこんなにすぐに枯れてしまったのですか〟とたずねた。

〝まことに、まことに私は言う。あなたたちにためらうことのない信仰（筆者注　宗教ではない、信じ仰ぎみる、聖霊への信仰である）さえあったら、私がいちじくの木にしたようなことができるばかりでなく、あの山に向かって、動いて海に入れと命じてもその通りになる〟」

イエスが動くはずもない巨大な山に向かって動いて海に入れと命じれば、すさまじいごう音と地鳴りを響かせ、一瞬にして巨大な山は崩れ去る。イエスが山に向かって「動け！」と命じれば、巨大な山は恐ろしい地鳴りと地響きを立て〝動き〟〝崩れ去り〟巨大な山が一瞬にしてその〝姿を変える〟。

この現象がすでに起き始めた。日本を含め、多くの国々で、さらに激しく、さらに厳しく、イエスの命じる〝山よ動け！〟の現象が頻発し、人類は恐怖のどん底を味わうだろう。

霊なる神が怒り、イエス・キリストが怒り、ついでにこの私が怒ればどうなるか。人類の頭上に恐怖が降りかかる。音もなく、静かに、飲み、食べ、めとり、嫁ぎし、日常と変わらぬ生活の中で、ある日山のような高さの水が、海水が、静かに音も立てず、町のあらゆるすべてをのみ込みながら近づいてくる。確実に間違いなく、これは起こる。助かる者など一人もいない。

霊なる神に愛された者だけが、霊なる神に引き上げられ、救われ、「愛しい我が子よ」と迷わぬように新しい天と地へと連れていかれる。イエスや私や、すべてを知っている者たちはさっさと自分でそこへ往く。生きている時から見せられている、黙示録のヨハネも見せられた、新しい天と地へとさっさと自分で行く。

他の霊なる神によって選ばれた人々は、何一つ心配することはない。人類の頭上に降りかかるどれほどの恐怖を味わっても、何も心配することはない。不安におびえることはない。霊なる神に選ばれたなら、迷わぬように、愛し子を、あなた方を、霊なる神がちゃんとそこへ連れていかれる。だから心配しないで。

イエスはいちじくに実がなってはいないことを知っていた。いちじくの実がなる季節ではないから実のないことは知っていた。イエスの怒りを買い、いちじくの木が一瞬にして枯れてしまったのは、イスラエルの民、同じユダヤ人であるイスラエルの民への怒りである。「もう二度と、永久に実をつけるな!!」と怒った。

同じユダヤ人であるイスラエル人は、イエスを「殺せ! 殺せ! 殺せ! その男を殺す罪は、我々と我々の子孫に降りかかってよい!!」と口々に叫び、十字架につけ殺した。

一九三九年、ナチスドイツがポーランドに攻め込み第二次世界大戦が始まった。イエスが再臨したと同時にヒットラーは、二千年前のユダヤの民の言葉を成就するため、霊なる神に遣わされ、イエスの再臨と引き換えに、二千年前のユダヤ人の言葉を成就するため、「私は最後の七年間を、至高なる者のために働く」と言って世界中を戦争に巻き込んだ。

その戦争のさ中、せっせとユダヤ人とユダヤ人の子孫殺しに明け暮れた。ヒットラーは六百万人のユダヤ人を殺した。二千年前のイスラエルの民の言葉を成就するために霊なる神に遣わされた者である彼は、イエス・キリストを殺すという、決してやってはいけないことをやり、「その罪は、我々と我々の子孫に降りかかってよい」と宣言して殺した。至高なる者のために働く、と宣言したヒットラーは、それがどれほどむごい大虐殺であったにせよ、それはイエスの再臨と同時に、イスラエル・ユダヤの民の身から出た錆《さび》であり、受けねばならぬ悪の報いである。

あれはモーゼだ、あれはパウロだ、そうだあれはルカだ、彼はダニエルだ、そうだあなたの前にいるその青年は、ステファノだ、そうだ、あなたのピアノをすばらしいとほめた、常に一緒にいる彼はヒットラーだ。あの美しい青年で、あなたに懸命にかみくだいて仏教を説く、心おだやかで穏和でやさしいあなたの大好きなその青年は、摩訶迦葉《まかかしょう》だ。

あなたがこよなく愛し、あなたをまたこよなく愛する者たちを、私はあなたのそばに集めた。あなたたちはとても仲がいい。あなたの幸福を見るのは私の喜びだ。落ちる者のないよう気をつけなさい。これはあなたにとっていっときの幸福だ。彼らと共にいて幸福を味わっていて、満たされていてはあなたは私と語り合わぬ。あなたには仕事がある。大切なことをあなたに教えねばならぬ。

彼らとの幸福な数年は私からのプレゼントだ。あなたはまた一人にならねばならぬ。私の教えることを書くために。世があなたを認めなくても心配するな。嘆くな。人類が滅びの道を選ぼうが、霊なる神である私はどちらでもよいのだ、と言ってやれ。神は人間に自由を与えたのだから、滅ぼうが、滅びの道を選ぼうが、私にとってはどちらでもよいことだと言ってやれ。

あなたの愛する仲間が落ちないように気をつけよ。

そう言われていたのに、ヒットラーは四十三歳で突然自殺をした。仲間が急ぎ集まり、皆あまりの衝撃に口もきけず、私たちは震えた。パウロはおいおいと大きな声で男泣きに泣いた。夏の暑い日で、パウロの短パンとTシャツを今でもはっきり覚えている。家にいたそのままの姿で飛び出してきたパウロの短パン姿を今も忘れずに覚えている。

ヒットラーの遺体は、にっこりと、はっきりとにっこりと笑っていた。生きていた時とまったく同じ笑顔で、にっこりと笑って彼は横たわっていた。

彼がどこへ往ったたか、正直私にはわからない。イスカリオテのユダが大国へ往ったことは霊なる神から教えてもらった。

パウロが落ちないようにすごい努力をしていることは霊なる神も知っておられる。アドバイスをもらうこともある。

涙を浮かべて口をかみしめている摩訶迦葉に向かって、私の愛する摩訶迦葉に向かって「あなたが付いていていながら、どうしてこうなったのか」と低い声で言ったのは私の間違いであった。彼らは三十代の青年であり、一番年上の私の責任であった。涙を浮かべて「いつもと変わらずにこにこしていて、今度の日曜日には海へ泳ぎに行く約束をして楽しみにしていた」と彼はまっすぐに涙のたまった目で私を見つめて言った。ごめんなさいと言うように、涙をためた目で、まっすぐ私の目を見て彼は言った。

今も彼がどこへ行ったたか私にはわからない。聞くのが怖い。だから霊なる神も彼がどこにいるかを教えられないのだと思う。地獄へ往ったと言えば私は苦しむ。だから私は決して聞かないし、聞かない私の心を察して、霊なる神は彼が死んだのち、一切そのことにはふれられない。「もう、忘れなさい」と言うかのように、彼についてふれられることはない。

日本はイスラエルである

どこの国に生まれるとか、男とか女とか、そういったことはすべて霊なる神の領域である。かつてはイスラムの国に生まれたかもしれないし、キリスト教国や仏教国に生まれたかもしれないのに、イスラム教徒とキリスト教徒が憎み合い、互いに憎悪し殺し合うということほどナンセンスなことはない。

今イスラムの人も、かつてキリスト教国や仏教国に生まれたかもしれないのに、宗教対立や殺し合いほど馬鹿げた愚かしいことはない。私自身、二千年前、イスラエルのユダヤ人として男であった。千年前は日本人として、女であった。百五十年前、フランスでは、男であった。古事記の時代には日本にいて、女であった。

霊なる神への信仰があれば、自分の前世ぐらい、今必要であるからすべて教えられたのだと思うが、今の今の話をすれば、霊なる神と共に歩んでいれば、自分の前世ぐらいすべて教えてくださる。なぜなら、自分の前世さえも見通せない者に、これから先のこと、予言や預言はできないからである。

「エリアはもう来た」とイエスは言った。今の私にはこの言葉の意味がよくわかるが、当時の弟子たちはポカンとしていた。一般の人もポカンとするだろう。人には見えないもの、人には理解できないもの、それを言うのが予言者であり、預言者である。すべては霊なる神によって教えられることである。

日本はイスラエルである。

かつてのローマ帝国がイスラエルを支配し、ユダヤ人の中に常にローマ兵が駐留していたように、二千年前とまったく同じく、かつてのローマ帝国であるアメリカ帝国のイスラエル民族、ユダヤ民族の中に、ローマ兵が駐留し続けている。日本はイスラエル、ユダヤ民族とローマ兵が入り乱れた国である。今は、である。ダビデと、「ダビデはもう来た」。

その息子、ソロモン一族は日本の聖なる場所に住んでいる、今のイスフエルのユダヤ人は、ソロモンの神殿を建てるのを悲願としているそうだが、今のイスラエルにソロモンの神殿が建つことは決してない。絶対に建たない。なぜならば、ソロモンの神殿は、この日本に住むソロモンの一族によって日本の聖なる場所にもう建ったからである。

ダビデは若い頃から戦争好きで、「サウルは何千殺したが、ダビデは何万を殺した」といわれるように、多くの人間を殺してきた。神はダビデに言われた。「あなたは多くの者を殺したゆえに、神殿を建ててはならぬ。あなたには新しい神殿は与えぬ」その言葉通り、ダビデはもう来たが、その言葉通り、旧約に記された通り、ダビデの神殿は建たず、その息子ソロモンの神殿がイスラエルに建った。

今のイスラエル人の悲願は悲願で終わり、ダビデ亡き後、ソロモンの神殿は、この日本の聖なる地に、もうすでに建った。ソロモン一族が今も住む場所に。日本はイスラエルである。「イスラエルが包囲されるのを見た時、気をつけよ、その時終わりは来る」とイエスは言った。

北朝鮮も中国も、この日本、イスラエルにとって何一つ脅威ではない。二千年前も、ローマ帝国はイスラエル人から容赦なく税を巻き上げていたが、ローマ帝国であるアメリカは、日本国イスラエルに居座り続け、莫大《ばくだい》な税金を日本国、イスラエル人から絞り取っている。

かつてのイスラエルにローマ兵がうようよとたくさんいて、この日本国イスラエルにもかつてのローマ兵がうようよといて、莫大なお金がかかり国民は税に苦しみ、いなくなれば国民の税負担も減り、沖縄の人々の長い長い間の苦しみもなくなり、せいせいすると思う。

しかし、エルサレムが包囲され、荒らすいとわしい者が聖所に立ち、神殿を打ち壊し、死骸に群がるはげたかの群れが日本国エルサレムに押し寄せる時は早まるだろう。

この日本国エルサレムから始まる終わりの始まりは、北朝鮮でも中国でもない。ハイエナは、別の国にいる。日本国エルサレムがこうなるまで世界の終わりは来ない。始まりはこの日本からである。終わりの始まりは、日本国イスラエルからである。

耐えて耐えて、もはや耐えられぬところをさらに耐えて、終わりまで耐え忍ぶ者は救われる。肉体を殺せても、それ以上殺せぬ者を恐れるな!! とイエスも言った。

スウェデンボルグは、キリスト教界の多くのリーダーが死後地獄に落ちていた、と言っている。キリスト教界に反発し宗教改革の先頭に立ったマルティン・ルターも、パウロも地獄にいた。キリスト教界のリーダーたちのほとんどが地獄へと往っていた、と。

父は偉い牧師であり、自らカトリック教徒であるスウェデンボルグが、怒りを込めてこれら聖職者やルターやパウロを激しく非難している。

宗教改革のバイブルとなったルターの一五二〇年の著作『キリスト者の自由』は、キリスト教界の間違いの上にさらに間違いの上塗りであり、その著書の中から抜すいし、〝間違いだらけのルターの言葉〟として激しく非難している。

ルターのローマ教皇制度の不合理や免罪符の濫売《らんばい》。つまりローマ・カトリック教会が天国往きの切符をどんどん人に売りまくり、これさえあれば天国へ往けますよ、と免罪符を人々に売りつけていることへの反発。それ自体はルターは正しい。しかし彼はどんどんおかしな方へ行ってしまう、と。キリスト教会の間違いの上にさらに間違いを重ねた、と。

抜すいを読むと確かにおかしい。「イエス・キリストを信じなさい。イエスを信じる、ただそれだけでいい。すべての罪を背負ってくれて、我々人間のすべての罪を背負ってイエスは死んだのだから、もはや我々が背負うべき罪は何一つない。人間の罪はイエスが一人で全部背負って死んだから、もはや我々に罪というものはない。だから何一つ行う必要はなく、ただイエスを信じる、そのことだけで十分である」（筆者による要約）と言っている。当時ルターのこの著書がもてはやされたらしい。

「ルターによればまるでキリストが手をとってすべての人を天国へ連れていってくれるみ

たいだ」（『霊界からの遺言』より）、「そういうことを広めたルターは、キリスト教会の罪の上塗りをしたのであって、許せない男であり、よって彼は地獄へと堕ちていた」（筆者による要約）とスウェデンボルグは激しくルターやパウロを非難している。

ルターの間違いは本質的にカインの間違いと同じものであった。しかし時代が違うだけに、カイン以上に彼は歪んでおり、現代の人間に与えている影響は歴史の彼方のカインの比ではない、と。

「私に向かって、主よ、主よ、という者が天国へ行くのではない」（筆者による要約）

「私の右と左に坐ることは、私が決めることではない。それは私の父が（聖霊が）定められた人々のものである」（同前）

「すべての心、すべての霊、すべての知恵をあげて主なる神（聖霊）を愛せよ」（同前）

「その日その時を知る者は一人もない。天にいる使いたちも子である私も知らない。ただ父だけが知られる」（同前）

「私にさからう者は許される、だが霊なる神である父にさからう者は許されぬ」（同前）

「私を信じなくとも、霊なる神から出る言葉を信じよ」（同前）

スウェデンボルグはやさしかった

私亡き後は、自分自身、あなたたち自身を灯とし、私の教えた法を灯として生きていきなさい。私、釈迦を灯として生きてはいけない。あくまでもあなた方自身と法を灯として生きなさい、と言われた。

マハトマ・ガンジーは
私を神としてはならない。
私に祈ってもならない。
私のために神殿を建ててはならない。
ガンジーはそう言われた。

スウェデンボルグが怒るように、私もルターに怒りたい。どこにイエスが私自身を信じさえすれば手を取ってすべての人々を天国へ連れていく、などと言っているのか。「主よ主よ、と私に向かって言う者が天国へ往くのではない」（筆者による要約）とはっきりと言っているのに。パウロがイエス・キリストの名を語りながらパウロ教を打ち立てたように、ルターもイエス・キリストの名前だけを語りながら、ルター教を打ち立てたのである。よって地獄へとまっさかさまに堕ちていったのである。大いなる間違いを犯したからである。

間違いの最たるものは伝統的なキリスト教の一派である。一度は本になり某大手書店に並んだ私の本が一斉に撤去された理由は、「キリスト教だけのことが書かれているならば受け入れるが、仏教のことが書かれているので受け入れることはできない」というのが理由であった。

しかし「今後、K神父の名を使うことは禁ず」とは言うが、K社をつぶすというほどの恐ろしい暴挙に出ることはなかろう。

「私はこれまで別の著書でルターにせよ、パウロにせよ、キリスト教界の多くのリーダーが死後地獄に落ちているということを指摘し、その様子を私が自分の目で見てきたとおりに書いた。そのため、キリスト教界からは狂人扱いさえ受けてきた。しかし、彼らが地獄

に落ちていることは彼らの考え方が間違っていたことの何よりの証拠といわねばならない」（『霊界からの遺言』より）

「パピスト（ローマ・カトリック教会の蔑称）たちがこの頃の霊界でもっとも腐敗し、もっとも巨大なバビロンを築いており、彼らがそういう所業をしていたのも、彼らが人間だった時に真理をいちばんひどく歪曲していたからであり、彼らのつくったバビロンは、キリスト以前のバビロンよりももっと腐敗したものだった。

彼らは自分たちの〝教祖〟たるキリストを敬うふりをしつつも、結果的には自分を神にしたのであった」（筆者による要約）

スウェデンボルグのローマ・カトリック教会に対する激しい批判と攻撃は続く。

キリスト教信者ではない私は〝パピスト〟なる言葉があることさえ知らず、カトリックなどにまったく興味はなかった。それどころか、一番に喜んでくれるものとばかり思っていた。〝イエス・キリストの再臨〟と仏教のことが書かれているから受け入れることはできない、などとは、まったくその頑固、頑迷、排他の精神には呆れ果てる。宗教人のこれらの精神をまったく変えようとしない態度にうんざりするだけである。

〝イエス・キリストが再臨した〟と言っているのである。スウェデンボルグが言うように、自らを〝神〟としたカトリック教会にとって、もはやイエス・キリストの再臨など爪の垢ほどの感動もなく、今日二百六十五代目にあたる神として君臨してきた長い歴史と、これからも神として君臨し続けたいカトリックの聖職者にとって顕れてもらっては困る、自分らをおびやかす存在なのかもしれない。神の代理人といいながら、彼らは神になっているのであろう。

二百六十五代の歴代法王の中で、ペテロを名乗った者はただの一人もいない。自分たちが神になりたいためである。ペテロの名など口にしたくもない。はじめから無き者であってほしいからである。

今世、イエスはマリア信仰を嫌っていた。口には出されなかったが、その表情で私はわかった。本当の親は霊なる神であって、ただの肉体の親にすぎない。二千年前も、弟子が「主よ、お母さんが来られています」と言うと、「私の母とは誰か、私の母は、この人であり、またこの人であり、ここにいるこれらの人々が私の母である」と言った。つまり、肉体の母をイエスはまったく重んじなかったのだ。

マリアは何一つ説いていない。ただイエスの母というだけで教えの一つも説く力は持っていなかった。たった一つの奇蹟もマリアは起こしていない。つまりただの人である。

今世マリアは救われない。いや、「あれはマリアだ、救いなさい」と言われ、まだ一年と少し前だが、これほど身近に!! と仰天して以来、「あなたはマリアです。イエスの母、マリアです」ときちんと告げて、告げた者の誰一人、「私はそんな者ではない」と否定せず、素直に納得し受け入れた。それと同様に、かつての聖母マリアも「もったいない」と言いながら受け入れた。

その前に見ていないのに、私が彼女の毎日していることを当て、「霊なる神様が、それを止めるように言いなさいと言っておられます」と指摘すると、「どうしてあなたは見てもいないのに私のしていることがわかるの?」と聞くので、「霊なる神様が教えられます」と答えた。

私が三十代の頃から不思議なことを起こすことを彼女は目の前で見てきた。だから、「あなたは聖母マリアだそうです。イエス・キリストの母だそうです」と私が言えば、伝えた皆と同様に一切の否定なく「もったいない」と涙を流さんばかりに感謝していた。

確かにその辺にはいない慈愛に満ちた人であり、若い頃から「美智子妃より美しい」と常々私は口に出して言ってきたほど、気品に満ちて、誰よりも慈愛に満ちた人である。

ヨハネ・パウロ二世もマリア信仰の人であったが、イエスはこのマリア信仰を嫌った。母というだけで何一つ教えを説いたわけではない。奇蹟の一つも起こさなかった。それなのになぜマリア信仰なのか。解せない、と。

ファティマに顕れ「私は聖母マリアです」というのは、世界中の誰もが知る聖母マリアの名を語った方がより皆が信じるだろうと考え、天の国にいる、地球年齢十七、八歳の姿で（皆、この若さである）そう言っただけのことで、方便で言ったのである。

カトリック信者のマリア信仰もまた、ローマ教会の大いなる間違いである。信者を引き止め、引きつけておくためのマリア信仰である。我が身の保身にすぎない。現代のマリアであるが、精いっぱいの努力をしているが、駄目なような気がする。

「かつて神々と呼ばれた者たちでさえ落ちていく時代です。私の言うことを信じてくださ い」と私が頼むと、「あなたは昔からまっすぐな人でしたよ。私はあなたのことを子供の頃からずっと見てきました。あなたは純粋で、まっすぐな人です」と彼女は返した。「私の言うことを、霊なる神の言われることを信じ、どうかそのようにしてください」と続けて私が言うと、「精いっぱい頑張ります。でももしできなくなった時は、私のまごころだけはわかってください」と彼女は答えた。

スウェデンボルグではないけれど、信仰のみで、信じることのみで救われることなど決してない。霊なる神から言われたことを実行することなくして、新しい天と地には往けない。行動のないまごころなど今は通用しない。

スウェデンボルグはこう言っている。

「人間は自分の足で一歩一歩と歩いて、自分で天国に行かねばならない。たとえ、キリストが助けてくれるとしても彼は手をとってくれるわけではない。一緒に歩いていってくれるだけである」(筆者による要約)

ずいぶんとエマニュエル・スウェデンボルグという人はやさしい人である。私はキリストが一緒に歩いていってくれるなどとやさしいことは言わない。キリストは裁くために来たのであって、〝私が平和を持ってきたと思うな!! 私は剣を持ってきた〟、というように、今顕れたのは、人間を裁くために来たのであって、救うためではない。一番大切なのは、救うのは「霊なる神」以外にはいない、ということである。〝天は、自ら助くる者を助く〟である。救われるのも裁かれるのも全部自分次第ということである。

スウェデンボルグは、「これは十八世紀のいま、私が語っていることで、未来のことは、時が経ってみなければ何が起こるのかはわからない」と最後に言っている。

十八世紀に存在したスウェデンボルグ。今は二十一世紀に突入した。いま、二十一世紀である。

二十一世紀に与えられた霊なる神からの預言であり、予言を、今私は伝えなければならない。

人間の大きな罪は、人間が人間を創ったこと

はるか昔から、霊なる神のその霊と光とによって創られた者と、人間の手によって、神となりたがった人間たちの手によって遺伝子操作によって創られた人間がいる。今始まったことではない。決して侵してはならない人間の遺伝子を操作し、人間自らが創り出した

人間がいる。

本来の人間の感情を持った者と、獣のような感情を持った人間たち。人を殺し、嫉妬や羨望をむき出しにして恥じない人間。人間を殺して喜ぶ人間。反省という感情を持たない人間。人の痛みを我がものととれない人間。霊なる神は自由を与え、これらの者たちの霊魂を抹殺されたことはなく、死んでも皆生き続け、輪廻を続け、交配を続け、人間の姿をした悪魔の心を持つ人間によって創られた子孫たち。

あるいは初期人造人間の再来。失敗作は地球には住めず、他の惑星に住む。人間とのかけ合わせによって創られているため姿形はあまりにも異質なため、地球には住めないが頭は良い。似た者同士の人間の遺伝子操作の失敗作は、それぞれ同じ姿をした者同士、同じ想念を持った者同士別の惑星に住む。この太陽系銀河の中の惑星に、人造人間の住む惑星が無数に存在する。もとはといえば、はるか彼方の昔から人間が神のごとく遺伝子を操作し、作り出し、人間の姿をとどめない、人造人間の失敗作である。類人猿などはじめからいはしない。人間が人間の手で作ったものである。

フランケンシュタイン博士は、死人をよみがえらせるために日夜没頭し、おぞましい姿の人間を作り出した。名前もつけてもらえなかったし、あまりのおぞましい姿に忌み嫌われ恐れられ、人間の手によって作られた人造人間は、自分と同じ姿をした人間をほしがった。もう一人、フランケンシュタイン博士はおぞましい姿の女の人造人間を作った。あまりにおぞましい姿であったこの二人は、地球では生きていけないせいか、火に焼かれて死んでしまう。しかし霊魂までは死なないので、同じ想念を持った者の住む別の惑星へ行く。

この地球にいるのは人間の姿をした者である。が、しかしその魂には悪魔がいる。人間の手によって作られた人間の心と魂を持たない悪魔の心を持った者たちで今地球はあふれかえっている。裁かれるために、霊魂共に霊なる神によって火の釜《かま》に投げ入れられ焼き払われるために集められている。残虐、人殺し、大量殺りく、人を殺しても彼らは何の心の痛みも反省も感じない。人間によって人工的に作られた者たちであるから、人間らしい心を求めても、どだい無理である。はじめから人間の心を持たないのだから。

人間の大きな罪は、人間が人間を創ったことである。神の怒りの最大のものは、傲慢にも、人間が人間を創造するという神をも恐れぬ行為である。どのような言い訳をしようが、遺伝子を操作することは、霊なる神が決して許されない行為である。

はじめから人間の心を持っていない者に何を言っても無駄である。ブッシュ元大統領に、「あなたはこれだけの人間をまるでゲームのように殺して、心は痛まないのか」と言っても無駄である。痛まないのである。自分の命は惜しくても、何千もの自国民を殺そうが、何十万のイラクの子供や大人を無差別にまるでゲームのように殺しまくろうが、悪魔に乗っ取られたその霊魂には、人間の心のかけらもはじめからないのである。

あまりにも人間が人間の手によって作った人造人間が増えすぎたため、宇宙に住むすべての人造人間、地球に住むすべての人造人間これらを霊肉共に消滅させる、これが霊なる神の計画であり、最後の審判である。

人造人間ではない、しかしいまだ霊なる神によって、その霊と光とで創られた者であることに気づいていない人々へ。「霊なる神へと立ち返りなさい、霊なる神があなた方の親ですよ、目に見えない霊である真実の神、真の創造主を信じなさい、お金などいらない、タダ、無料ですよ、偶像を拝するのは止めて、新しい天と地へと往ってください。そこが本当の天の国、天国ですよ」と言いたい。

いまだ目覚めていない人々に霊なる神の存在を知らせるのが私の目的である。私を信じるのではない、私の霊なる神から教えられたこれらのことを信じる、ただそれだけでいいのである。

霊なる神の存在をしっかりと認識し、これから起こるすさまじい、イエスの言った「この世のはじめから誰も見たことのない」未曾有の、死んだ人をうらやむほどの審判が始まるから、霊なる神を信じ、耐えに耐えて、もはや耐えられないと思うところをさらに耐えて、「終わりまで耐え忍ぶ者は救われる」とイエス・キリストは言っていますから、そうしてください。そして、新しい天と地へと往く者となってほしい。私を信じるのではなく、私の言うことを信じてほしい。

私の役目は、新しい天と地へ往く人を、私の語るこれらの言葉によって信じる人を見出し、より多くの人々を新しい天と地へと連れていくことである。肉体がある以上、世界の果てまでこの私の言葉は届かない。そういう現実がある。

霊なる神は願いごとをかなえる神ではない

インドに貧しい一人のおじいさんがいた。おじいさんは、毎日毎日、来る日も来る日も、道路に転がっている石を拾っては脇に捨てる、という作業をしていた。車が通りやすくするためである。道路の石を拾っては脇に捨てる。毎日毎日、来る日も来る日もこの作業を繰り返していた。「どうか涅槃に往けますように」と祈りながら。

涅槃とは、お釈迦様の往かれたところで、二度と人間界には生まれてこない世界のことであり、つまり、最上界の世界であり、真の天の国であり、新しい天と地の世界のことである。貧しい、裸足で石を拾うおじいさんは卑屈という曇りの一点もない。

卑屈と傲慢は表裏一体である。自分を卑下し、必要以上にへりくだることと、いじけることと、俺が俺が、私が私がという傲慢とは表裏一体で、同じことである。「私などお釈迦様のおられる涅槃に行くなど、恐れ多い、私のようなものがとんでもない」というような者は往けない。素直でないのである。それにこのおじいさんは、「往けないかもしれない、しかし願わくばどうか涅槃に往けますように」と言っている。これは神様にお願いしているのではない。

おじいさんは霊なる神が願いごとをしてくれる神ではないことを、神は現世利益《りやく》を願う相手ではないことを知っている。「駄目かもしれない、しかし願わくばこの原稿が本になりますように」と自分の心に祈りながらこの原稿を書いている私とこのおじいさんの心はまったく同じである。おじいさんも私も、神に願いごとをしているのではない。一%ぐらいの可能性かもしれない、涅槃には往けないかもしれない、しかし、願わくば涅槃に往けますように、とおじいさんも私も、自分の心に祈っているのであって、神に「私をこうしてください」と願っているのでは決してない。

霊なる神は願いごとをしてくれる存在ではない。神は現世利益を願う相手などではない。私たちが霊なる神に対してやることは「感謝」と「お詫び」この二つであって、その辺の神にするように、願いごとをしてはならない。「御心のままに」である。

インドのおじいさんはボロをまとい、私の方も裸足で毎日毎日石ころを拾うように頑張っても、三十二年間も誰も信じてくれない、某作家も東京まで原稿を持っていっても読んでもくれなかった。ただの一社も本にはしてくれず送り返され続けて三十二年。それでもまだこうして書いている。

インドのこのおじいさんも、私も周囲から見たら馬鹿で阿呆でデクノボウである。しかし私は断言する。このおじいさんは新しい天と地へ往く。霊なる神が必ず連れて往かれる。お釈迦様はどうなっているのか。地球年齢十七、八歳の姿をし、イエス・キリストが言ったように「毒麦が集められて火で焼かれるように、この世の終りにもそうなる。人の子が天使たちを送ると、天子たちはその国の中から、すべてのつまずきと悪を行なう人々を集め、燃えさかるかまどに投げ入れる。そこは嘆きと歯ぎしりがあろう。そのとき義人たちは父の国で（新しい天と地で）太陽のように輝く」（マタイによる福音書　第13章40節より）

霊なる神の霊と光によって創られた霊体は新しい天と地で太陽のように輝いているが、一点の曇りもない水晶色の輝く世界では、太陽のように輝く霊体も、まぶしいとか明るすぎるとかいうことは決してない。ただ見えないだけだ。ちょうど地球の昼間の明るい時に電気を灯してもその明かりは見えないのと同じである。

お釈迦様はどうなったかということであった。お釈迦様は、イエス・キリストの言う「天使」、つまり天の使いである。天使となって、他の天使と共にイエス・キリストを助ける役目をしている。地球年齢、十七、八の姿である。ここには師も権力者も、牧師も僧侶も法王も、そんな者は誰一人いない。上も下もない。キリストが「天使」と呼ぶ兄弟がいるだけである。

インドのこのおじいさんと私もいつか兄弟となり、もう二度とこの人間界に生まれることはない。イエス・キリストも、いつか地上を去る時、師イエス・キリストではなく、光の兄弟となる。「あなたたちは兄弟である。互いに愛し合え。あなたたちが互いに愛し合うこと、これが私の掟である」と繰り返し繰り返し言っている。いつかイエス・キリストも新しい天と地で兄弟となる。今はそこにいる「天使」たちが、釈迦のように天使になった者がイエスの審判を助けるために、イエスの動きを見つめ、指令を待っている。肉体を持ったイエス・キリストにも限度がある。「末法の世、私は来ない」と釈迦が言ったのは、地上に降りたイエスの審判を助けるため、私は地上には来ない、と言ったのである。

肉体を持った者には限界がある。

ポリオで足が萎え、地面を這ってそれでも懸命に生きる人々、それらの人々を忌み嫌わず、助けて生きる人々、地雷で足を失った多くの子供や大人、足を失くしても懸命に生きる人たち、理不尽に殺されて往った人たち、世界の果てまでも霊なる神はすべてを見ておられる。

先天的に、後天的に肉体に損傷を持った人たち、問われるのは魂の美しさ、汚れなき魂であるかどうかだけで、肉体がどうあれ、それらは一切かかわりあることではない。どのような肉体であろうと、新しい天と地へ往く者は、光り輝く霊体となり、本来あるべき姿となる。

ベートーベンは途中からまったく耳が聞こえなくなった。まったく耳の聞こえなくなったベートーベンは「私は心で音楽を作る」と言った。

まったく個人的なことでどうでもよいことであるが、昔から私はモーツアルトの音楽が好きになれない。学生の頃から自分はおかしいのではないか、と悩んできた。

すばらしい絵を描き、人にはとても真似のできない見事な絵を描く人で、音大を出ている私であるが、それでも太刀打ちできない、ひれふさざるを得ない男性がいた。

ジャズに走ったり、フュージョンバンドを組んで熱中してみたりした私と違い、クラシック一筋の彼、生涯独身を貫き、四十三歳で突然自殺をして私たち仲間を衝撃のどん底につき落とした彼、私がひとしきり熱中し、またクラシックへと戻った時、「先生がいつ戻ってくるのかと待っていましたよ」と言った。つまりいつ本来のクラシックに戻るのかと待っていた、と彼は言ったのだ。クラシックに関して、彼の描く絵に関してまったくの降参、真から尊敬していた男であった。

周囲の者は、私の弾くピアノは上手くて当たり前と言い、彼らの中の数名は私のピアノの弟子であったが、上手くて当たり前であるからほめる者など一人もいなかった。ところが、しみじみと、「すばらしい、上手」と口に出してほめてくれるのは彼ただ一人であった。私もかなわぬ音楽の知識と感性は他の誰も持たないものであるので、学生時代からの悩みで口に出したことのないこと、つまり、どうしてもモーツァルトが好きになれないことを彼に言ってみた。

何も期待はしていなかった。世の人々はモーツァルトが好きだから。私が変人なのだと自分で思っていたから。

すると、「当然ですよ。大量生産の曲がすばらしかろうはずがない。はい次、はい次、とベートーベンのように苦悩することもなく大量生産をしただけの曲に深い感動などありませんよ」と彼は言ったのだ。「楽器の中で最もすばらしいのは、人間の声です」とも言った。

家では彼はいつもオペラを聞いていた。ピアノ曲が流れていると「これは誰の曲?」と私が聞かねばならぬような、今まで聞いたことのない作曲家の聞いたことのないピアノ曲を聞いていた。降参である。彼が生きていたら、と今でも思う。

モーツァルトが天才であったことは私も認める。しかし苦悩の中から生まれたものではないような、軽い軽い音楽にしか聞こえない、というのは私の勝手な好き嫌いの問題である。実にどうでもよい話で、これは余談である。

ベートーベンが何度も何度も弟子入りを頼んだのに、まったく才能がないと馬鹿にし、ベートーベンを見下して結局弟子入りを断ったから、というわけでもまったくない。ベートーベンの苦悩に私は共感するのである。

フィンセント・フォン・ゴッホの生涯もまた悲惨である。ゴッホもシューマンも精神の病を持っていた。

このような人間界で生きるのは楽ではない。描いても描いても売れない絵。弟テオの仕送りだけが頼りの生活。画廊では「そんな絵は売れないからどこかへ持っていけ」といつも怒られ、兄ゴッホの絵を置いてもらえない弟テオ。ゴッホも弟テオの生涯も悲惨なものである。

セザンヌの絵は生きている時一枚も売れなかった。ゴッホに激しい嫉妬心を燃やしたゴーギャンの絵もまったく一枚も売れなかった。ゴッホの絵に激しい妬みと嫉妬を抱きながら、売れない画家ゴーギャンもまたあちこちの国を転々とする。ゴッホと弟テオほど、純粋に美しい魂を持ちながら、悲惨な生涯を送った者はいない。精神を病みながら、狂気の世界を味わいながら。ベートーベンやゴッホやテオほど美しい魂を持った者はいない。けなされ、馬鹿にされ、誰一人からも受け入れられず、売れもしない絵をそれでも懸命に描き続けたゴッホ。死んでからなぜもてはやすのか。生きている時は見向きもしないくせに。現代人はなぜこのように死んでからもてはやすのか。数億とかの高値をつけて売買するのか。現代人の、人間のいやな一面である。

絵の前で人々が笑いころげたムンクの絵は、息をのむほどにすばらしい絵である。まっ赤に血の色に染まった空を見て恐怖のどん底に突き落とされたムンクの「叫び」、恐怖のあまりその光景をなぐり描きした「叫び」だけをなぜ現代人は取り上げもてはやすのか。

他にもすばらしい絵をたくさん描いている。現代人の、人間のいやな面である。繊細で汚れなき魂を持った者にとって、この人間界は生きにくく、精神を病み、ムンクの「叫び」のようになる。人間に対する恐怖の「叫び」でもある。彼らは新しい天と地へ往き、天使となった。悲惨な生涯を送ったが一点の曇りもない彼らの魂は、天の国へと往き、イエスの言う天使となった。彼らに一切の執着はなく、地上でのありようを見て、彼らは今笑っている。すべては過去のことであって、ゴッホやテオやベートーベンやムンクなどもはやいないないからである。

天使となった彼らは地上を眺め、人間の愚かしさを、残虐さを笑って見ている。他人の才能に嫉妬したゴーギャンや、モーツアルトに嫉妬したサリエリは、そしてまた、ミケランジェロも地獄へ落ちた。ミケランジェロが地獄へ堕ちたのは彼の傲慢さゆえである。何を成すかではなく、いかに汚れなき魂を持つかである。

最後の審判が始まった

NHKのテレビが「私たちの祖先であるほ乳類が云々。ほ乳類には私たちも含め四種類のほ乳類があり、何千万年前のほ乳類が云々」と相も変わらずおぞましいことを言っている。人間を他の動物と一緒にしないことである。そういうことを平気で言う人間は、人造人間であるから、類人猿とか猿人とか、みだりに公共の場で言わないことである。

狼男や狼人間、ドラキュラ伯爵、猿人間、猿から進化したほ乳類の一種のこの人間、などと人造人間の動物のDNAの混じった人間のことをテレビの公共の場で言うのはいいかげん止めてほしい。人造人間ではない人間がたくさんいるのだから。人間と動物を一緒くたにするのはもう止めてほしい。自分の頭で考えればそんなことぐらい簡単にわかりそうなものを。それとも言っている本人が姿は人間の恰好をしているが本当は動物のDNAを持っているのではないか、と疑いたくなる。

地球が誕生して何十億年と、NHKはよくはっきりと数字を言う。そんなことはわからないというのが本当である。神でもあるまいし、地球創造からどれぐらいの年数が経つのか、人間にわかろうはずもない。神にでもなったように地球の創造から何十億年などとはっきり数字で言えないのが人間というものである。

人間がほ乳類の動物の種類の中の一つ。人間の祖先は猿や狼や吸血鬼の中の一種という考えがまるで血に飢えた獣のようにはるか昔から永々と戦いや戦争という名で人間を殺し、何の益にもなりはしないのに、互いに殺し合う。戦争やいくさというものは、血に飢えた獣のやることである。血に飢えた獣のように気の遠くなるようなはるか昔から人間が殺し合いをしてきたのは、獣のDNAを持っているためなのか。

獣は殺し合いをする。しかし獣は無駄な殺しはしない。ブッシュは血に飢えた「獣人間」である。大量の人間を殺したダビデも獣人間である。殺し合いが大好きな、戦争が大好きな若者であり、彼は単に血に飢えた獣人間である。

いつになったら人間は争いや戦争で殺し合いを止めるだろう、などという考えはもはやナンセンスである。これらの人間を、獣人間をすべて霊肉共に、これらのおびただしい獣と化した霊魂をきれいさっぱりと消滅させるのが霊なる神の計画であり、イエスの再臨の目的の最後の審判である。どうでもよいところに「最後の審判」という言葉を軽々しく使ってほしくない。

人間はいま、裁きの前の動物であり、この地上に集められ、霊界にも裁きの前の動物がごまんといる。もはや霊なる神によって火の釜に投げ入れられ霊魂を焼かれ、霊界の霊魂が焼かれるさまを見せられ恐怖の叫びをあげたのがファティマのルシアである。

ものすごい形相でのた打ち回る人間の霊魂の焼かれるさまを見せられたルシアは恐怖に震え、叫びを上げる。このルシアの体験を六十年経ったら公開するように、とローマ法王に何度も言ったのに、ついにローマ・カトリック教会はルシアのファティマ第三の秘密を六十年以上経っても、今日でも公開していない。

ルシアを人里離れた誰も訪れないような修道院に幽閉し、人と会うことを禁じ、一歩も修道院から出ることなくルシアはその修道院で生涯を終えた。十年ぐらい前であったろうか、ルシアが亡くなったことを知った。一歩もそこから出ず、生涯誰にも外部の者と会うことはなかったそうである。

上層部にだけ渡されたというファティマ第三の秘密は、当然ローマ・カトリック教会、および、ローマ法王に都合の悪いことはすべて省かれている。当たりさわりのないものである。自分の使命を果たせなかったルシアの気持ちはいかばかりか。人と会うことさえ禁じられた幽閉生活はいかばかりであったか。カトリック教会の崩壊の日は近いのではないか。

そして地球がなくなれば当然のごとく、霊界もなくなるのは、これまた真理である。今までは死んで往く所はあったが、もはや死んでも往く所はない。霊界にうごめく人間も、地球上でうごめく人間も、新しい天と地へ往くか、消滅するか、苦悶のうちに消滅するか、二つに一つの道しかない。これが本当の最後の審判の意味である。

億々万劫という長い時間、イエス・キリストから二千年、汚れた霊魂を一掃し、新しい天と地へ汚れなき魂の者を拾い上げ、連れていく。これぞ私たちが二千年間待ち望んだことで、やっとその時が来た。イエス・キリストの再臨と共に、霊なる神の下される真実、真の最後の審判である。なぜ待たれたのか、一人でも多くそこへ連れていきたいからである。人間の改心を待って、一人でも多く滅ばぬよう、この気の遠くなるような歳月を待たれたのである。

「主にとっては千年は一日のごとく、一日は千年のごとく」二千年前、ペテロは、ペテロ第二の手紙の中でそう言っている。二千年前、イエスの弟子にふさわしくなかったとして自ら逆さ十字架で殺された私は、何度でも同じことを言う。「神の千年は一日のごとく、一日は千年のごとし」と。今人間への激しい怒りを持って私は言う。もはやイエス・キリストも霊なる神も人間を決して許さない、と。

私たちが二千年間待ち望んだ時が今始まった。最後の審判が始まった。地球のすみずみまで、霊界のすみずみまで、雀の一羽さえ見落とされないように、人間の髪の毛一本一本さえ数えられているように、宇宙のすみずみまですべて霊なる神に見通されている。裁きの前の動物である、いま、人間は。

女が男を殺し、バラバラに切断して捨て、男が女を殺しバラバラに切りきざみ、子が親を殺し、親が子を虐待し殺す。孫が祖父母を殺す。誰でもよかった、と無差別に人を殺す。カインとアベルの時代の人間が仰天し、あまりのひどさに震えおののくような現代の惨状である。

第一次世界大戦、第二次世界大戦、ベトナム戦争、アフガン戦争、イラク戦争。アフガンとイラクは、来年で十年目に突入する。地球が殺人者集団、殺人者の群れと化している。カインとアベルの兄弟殺しの時代の人間さえも、目をむく、驚くべき惨状である。

イエローストーン国立公園の熊が四匹の小さな子熊を連れて歩いていた。ヨロけながら必死で母熊の後を追う小さな可愛い子熊。そのうち二匹は自分の子ではなく、母熊を亡くした二匹の子熊を自分の二匹の子熊と一緒に育てているのだそうである。我が子とまったく分け隔てなく。ハイイログマと呼ばれる母熊と、ヨチヨチとよろけながら必死で母熊についていくこの親子の熊を見て涙が出た。

人間より動物の方がずっとすばらしいではないか。恩も着せず、他の熊の子供を当然のように我が子と一緒に育てるなんて。母熊の姿がすばらしく立派にみえた。いじらしくて感動で涙が出た。

高崎山の猿がエサをもらう時、ワーッとそれはもう数え切れないぐらい集まってくる。皆必死でエサを食べる。食事の時間が終わり、夕方になると皆一斉に山へと帰っていく。皆山へ一斉に帰り始める。生まれて間もない小さな小さな赤ん坊の猿が、皆がいなくなった場所に取り残され、どうしたらいいのかわからず、うずくまっている。まだ母親のお乳だけ飲む生まれたての赤ん坊である。

飼育員の人も周囲の者も一切手出しはしない。食事は与えるが、自然の掟でたった一匹残された小さな小さな赤ん坊の猿を放っておく。どのようなことがあろうと人間は一切手出しをしない。いったいどうなるんだろうこの子は、私ならずとも飼育員をはじめ、周囲の誰もがそう思いながら、黙ってなりゆきを見ている。たとえそのまま飢えて死んでも、それが自然界の掟である。

皆が一斉に山に帰る時、はぐれてしまったその小さな小さな猿を振り返り、振り返りしながら皆と一緒に山に向かって帰っていく猿がいた。他の猿はそんな小さな猿のことなど眼中にはなく、必死でエサを食べ、皆その子のことを蹴ちらして山に帰っていった。人っ子一人、猿一匹いなくなった、誰もいなくなったその場所に、生まれたばかりのその猿はどうしていいかもわからずうずくまっている。ずいぶん時間が経った。おそらく死んでしまうだろう、と思ったその時、帰り際、その子のことを振り返り振り返り心配そうに山に帰っていったその猿が戻ってきた。お腹には同じ乳飲み児の小さな赤ちゃんが必死でしがみついている。

我が子をお腹に抱えて、その子の所に駆け寄ると、右手でその子を抱いた。お腹には我が子、右手には迷子のその子を必死で抱き、その猿は山へと帰っていった。飼育員さんが言っていた。「猿は一匹しか育てられない」と。それでも見過ごすことのできないこの母親猿の偉大さ。我が子をお腹に抱え、他の猿の子を見捨てない、見殺しにしないこの猿の偉大さ。

今思い出しても私は涙が出る。何という愛情、と今でも涙が出る。これほどいとおしいものはない。動物の方が人間よりずっとずっとすばらしい。

万物の創造主、霊なる神は動物が大好きである。弱肉強食の人間界で、動物もそうなってしまった。人間のように無駄な殺し合いはしないが。そんな動物の世界の中でもこんな猿や他の熊の子を我が子と同じように可愛がり育てる、こんな動物がいるのである。人間以上の愛を持っている。何という愛に満ちた動物であろうか。

弱肉強食などない新しい天と地には、他の動物を襲って食べる動物など一匹もいない。トラやライオン、ヒョウなど草を食んでいる。そもそも食べる必要などないのである。遊びで彼らは時たま草を食む。人間も食べる必要はない。人間と動物が、霊なる神は動物が大好きなゆえ、さまざまな種類の動物がいるが、互いに慈しみ合いしかそこには存在しない。

それに引き換え、この今の人間界は、皇帝ネロやネブカデネザル王とその息子ベルシャザル王などの比ではない。国家権力者のみならず、市井の一般人がこうなのだから。

神となった人間が、天まで届けとばかりに時空を超える建物を、高さへの無限の挑戦とバベルの塔を建てたが、神の怒りを買い、もろくもバベルの塔は崩れ去った。その町の住民はそこに住めなくなり、散り散りにその町から去っていった。

バベルの塔は一つの町の出来事である。地球規模のバベルの塔が現在である。

神の怒りを買い、地球規模で神となった人間もろとも、すべてが地球規模で崩壊する。

「バビロンよりその名を遺《のこ》りたるものとを絶ち滅ぼし、その子、その孫をたち滅ぼさん」と神は言われ、悪徳の町バビロンは、その人間と建物もろとも滅びた。

バビロン王が君臨する一つの大きな悪に支配された町の崩壊である。今バビロンが、つまり神となった人間が君臨する悪徳の町バビロンが、世界規模、地球規模となった。

バビロンよりその名を、とはどこどこの国という国の名であり、遺りたるもの、とはバベルの塔を含めた神となった人間が造った建物のことであり、その子、その孫を、とは神と成り下がった人間のみならず、その子もその孫も、の意味である。地球規模のバベルの塔と地球規模のバビロンは、かくして霊なる神の怒りを買い、地球規模で崩壊するのである。

霊界ではもう霊界全体での崩壊が、審判が始まっている。霊界で起きたことが、この現実界へと移写するのである。霊界で起きたことが現実界で必ず起こる。霊界が先で現実界が後。霊主体従の法則である。

火と水の洗礼が、バベルの塔の崩壊が、バビロンの崩壊がいま、霊界全体規模で起き始めた。現実界で地球規模の崩壊が起こるのも近い。火と水である。巨大地震、巨大津波、巨大火山噴火、巨大洪水、そして第三次世界大戦、とどめが私が最後に見たスカイツリーをものみ込む巨大な海水の山である。これはまだ最後の終わりではない。宇宙を巻き込む崩壊が終わった時、初めて最後の審判が終わる。

地球は腐った人間の住み家である

新しい天と地には海はない。先にも言ったが、それが嘘ではないことは、後で黙示録のヨハネが証明してくれる。

三十二年間もあきらめずにこうやって書いていても、へ理屈を言う者や信じない者や、笑いとばす者ばかりだろう。しかし最後に笑うのが人生の勝利者である。今笑っている者は、最後にはムンクの「叫び」の形相で神を恨み、神を呪いながら火の釜に投げ入れられもだえ苦しみながら、霊体を焼かれて永久消滅するだろう。それをみせられたのがルシアである、肉体があって焼かれるよりも霊体を焼かれる方が数千倍の苦しみである。笑っている者に、へ理屈を言う者によいことを教えておこう。

「心頭滅却《めっきゃく》すれば火もまた涼し」焼かれる時、少しは役に立つだろう。

新しい天と地へ往く者は少ない。ごくごく少数の者しか往けない。霊なる神のめがねにかない、霊なる神に愛され選ばれたごく少数の者だけである。そこはへ理屈など存在しない世界である。

世界規模で霊なる神の最も嫌う傲慢人間になり下がった人間たちの、取捨選択が霊なる神によって今行われているところである。霊界も地上も、宇宙の別の惑星に住む者たちも。生きとし生ける者すべてに今霊なる神の目が注がれ光っているのである。

何も知らない愚かな傲慢人間が。三十二年前と違い、私は今怒っている。人間に対して怒りを感じている。二千年も私たちが待ち望んだ最後の審判が今始まるのである。これほどうれしいことはない。霊なる神に選ばれた者だけが永遠の生を生きる。もはや死はない。歓喜の世界である。

神に甘えてはならない。自分を見つめることである。自分を救えるのは自分以外にない。笑ったり、へ理屈を言ったり、嘲笑したりしている場合ではない。永遠に生きる者と、永遠に消滅する者と二つに一つの時である。もはや人間がこういう時代に遭遇することは二度とない。誰もいなくなるのだから。霊なる神に愛された人間だけしかいなくなるのだから。

嫉妬や妬みや羨望や傲慢や欺瞞や偽善や恨みつらみや嘘や行きすぎた科学技術や行きすぎた医学技術、庶民から絞り取った金で飛ばす何一つ役に立たない宇宙開発、宇宙飛行士を見ると私は身体中に拒絶反応が起き顔をそらす。それをパチパチと手をたたき英雄のようにもてはやす愚民。何一つ地上の役には立たないというのに。飢えて死ぬ人間がいるというのに。年間三万人以上の人間が金のために死んでいるというのに。

目もくらむ重税を国民に課し、庶民の痛みも苦しみもまるでわからない、自分の金と勘違いし、自分らの好き放題に使いまくる政治家、地球レベルでの政治家の腐敗。腐敗とは腐ることである。腐ったものは悪臭を放つ。悪臭を放つもの、腐ったものは始末される。

消される。

地球は腐った人間の住み家である。霊界は悪臭を放ち、汚物とウジにまみれた人間の姿をとどめない者たちであふれかえっている。死ねば隠すことのできない人間の本性の姿となるからである。肉体を持った地上と違い、腐敗のすさまじさが霊界ではもろに出る。霊界が腐れば地上も腐る。このような汚い人間界を、霊界もろとも始末せねば、あまりの悪臭と汚さにもはや手が付けられん、というのが霊なる神の考えである。

戦争もなくなる。一般人間の殺人もなくなる。部族間の闘争も、同族同士の大虐殺もなくなる。テロもない、クラスター爆弾も地雷も核のすべても太陽の大爆発と共に、地球や月と共に周囲のすべての惑星を巻き込んできれいさっぱりと消えてなくなる。地球が燃えつき消えたから、おぞましい霊界もきれいさっぱり消えてなくなる。

あなたたちはどうしたいのか、生き残って永遠の歓喜の世界、新しく創られた天と地に住みたいのか、消え去りたいのか。選択は二つに一つしかない。

愛を説いたところでもはや虚しい。平和を説いたところでもはや虚しい。

変わる意志がある人に向けて私はこれを書いている。変わる意志のない者に何を言っても無駄である。世界中の変わる意志ある人にこれが届くことを私は願っている。

これの届かない人々だが、インドの石を拾うおじいさんや、ポリオで足が萎え地面を這って歩く人々や、虐げられた人々、無慈悲に殺された人々、それらの人々は霊なる神自身で拾われ、救い上げられる。彼らは光り輝く霊体となり、永遠に歓喜の世界を生きる。

霊なる神にできないことは何一つない。天と地の創造者である。霊と光で人間を創造されたすべての、万物の創り主、霊なる神である。天の星々はすべて水晶で創られている。惑星が泥岩でできているなら、天に輝く無数の星々は、あのような美しい光は放たない。すべての惑星は水晶で創られている。

太陽も月も地球も創造の始め、水晶で創られた、水晶色に輝く美しい星であった。それがこのような姿になるまでどれぐらいの年数が経ったかなど、人間にわかろうはずがない。噴火や地殻変動や海底火山爆発や大洪水やさまざまな惑星変動で、太陽も月も地球も今のような姿となったが、創造の始め、この三つの兄弟星も水晶で創られ、水晶色にキラキラと輝く美しい星であった。

すべての惑星は水晶で創られている。さまざまな悪しき変化をしたこの地球の泥岩の中から、熱せられ焼かれ水晶の変化したものを、岩石の中からわずかに見つけ出し、ダイヤモンドをはじめ、わずかに残る小さな石のかけらをありがたがって、貴重なものを高価で売買しているのが宝石と呼ばれるものである。創られたはじめの水晶が、さまざまな地殻変動を起こし岩石の中にわずかに残るかつての地球の名残である。

海底二五六〇ｍ、海の一番底である。海底探検家たちが二五六〇ｍまでもぐり探査していた。まっ暗な生物のいない世界である。ごつごつと海底火山のすさまじさを思わせるまっ黒い岩が連なっている。

光を当てたその先に、キラキラと目を奪われるような美しい光を放っている場所が現れた。まっ暗な世界にまっ黒な岩の間に、まったく違う、美しいキラキラとこの世のものではない美しい光を放っている場所が突如現れた。思ってもみなかったその美しい光景に、驚いた探検家たちは、その美しいキラキラと輝く光景を映しながら、「これはガラスです」と言った。彼らは驚いてとっさにガラスと言ったのである。これはガラスではない。ガラスはこれほど美しい光を四方八方には照らさない。地球が水晶でできていた時の名残である。

地球の半分の広さの地下空洞世界に超々古代人や超古代人が住んでいる。核を使った宇宙戦争で金星や火星や月や、住めなくなった惑星から逃れて地球の地下空洞世界に逃げ込み住み続けた者たちである。

一番新しい住民はアトランティス大陸が沈む前に逃れ地下にもぐった人間たちである。超々々古代人はもうすでにそこに空洞世界が存在していて、後で来た者たちが地下空洞世界を造り続け、地上と同じように人口も増え、今では地球の半分を占める広さになっている、と言っている。建物もあり、野菜を作り、完全菜食であるから野菜さえあればよい、と。どの世界へも一瞬で行ける乗り物もある、と。

彼らがこれほど長く地球の地下空洞世界で生き延びられたのは、岩石の中に残っていた「水晶」のかけらのおかげである、と。あちこちに水晶のかけらがたくさん残っており、太陽の代わりに水晶で野菜を作り、水晶を使ってどこの国へでも一瞬で行ける超スピードの乗り物を造り、水晶のおかげで地上の人間並みに増えた人口であっても何一つ不自由はなく、今もこうして生き延びている、と。もし地下空洞世界に水晶がなかったならば、我々はとうの昔に滅び、存在してはいない、と。

一人だけどこかの博士がこの世界を訪れ、彼らと対面しているが「彼らは青白く、地上の人間のような生気がなかった」と言っていた。超々々古代人やアトランティスから逃れてきた人間で、水晶のおかげで野菜が作れ、完全菜食者であると共に、食料を食べなくても生きていける半霊・半肉体の人間だからである。霊体は何も食べないのが普通であり、肉体があるから食料がなくては生きていけなくなる。彼らは半分霊体で、半分肉体の半霊半肉人間たちである。博士にはそれが「青白い精気のない人間たち」に映ったのである。

私の言いたいことは、霊体は死なない、ということと、この地球も創造の始めは水晶で創られたキラキラと輝く美しい星であった、すべての惑星は水晶で創られている、ということである。そうでなければ夜空の星々があれほどの美しい光をこの地球まで放つわけがない。

水晶のかけらが残っていなかったなら地下空洞世界に今も生きる彼らは光がなくては野菜も作れず、逃げ込んでもまっ暗闇の中で、とうに死に絶えていたのである。恐怖、すさまじい恐怖を味わってきた彼らは、地上は恐怖に満ちていて、自分たちが味わった以上の恐怖に満ちた世界ゆえ、決して地上に出ることはない、という。宇宙戦争、それも核ビームという原爆を使った宇宙の惑星同士の戦争、核ビーム戦争で沈んだアトランティス、それらの恐怖を乗り越え逃れ、今日まで生き続けた彼らが、かつて自分たちが味わった恐怖が地上に迫っていることに危険を感じ、いてもたってもいられず、地上の一人の人間とコンタクトをとったのが、地下空洞世界に住む人間の存在を知らしめたゆえんである。地球が終われば自分たちも終わるというのが彼らの恐怖である。

今日は八月三日。異常な暑さである。前は川、横は田んぼが広がっていて、これほどの暑さを感じたことはかつてない。テレビのニュースでは、この田舎で三十七度であったと言っていた。町中コンクリートでおおわれ、道路もコンクリートで埋めつくされ、確実に温暖化しているのがわかる。熱中症で四百人が死亡したのも今年が初めてである。

しかし夏に冷房をつけたことは一度もない。さすが今日は家にも三部屋に冷房が付いているのを思い出した。つけて涼もうか、と一瞬思ったし、それとも扇風機を取り出そうかとも思ったが、身体中に濡れタオルを巻きつけて何とかしのいだ。一人だからこんな恰好でいられるのである。誰か人がいたらとてもこんな恰好ではいられない。

前の家の若奥さんが、毎日ガンガン冷房を入れていて、私がまだ冷房を入れていないと言ったら、目を丸くして「よくまあご無事で……」と感想を述べた。

一人でいくら頑張ってもこの異常な暑さ、温暖化は止められない。今年の夏初めてこの異常な暑さ、温暖化を実感している。誰のせいでもなく、人間自らが作り出した現象なのだから、どのような災難が降りかかろうと、ただじっと耐えるしかない。耐えに耐えて生きていくほかない。

「人類が始まって以来、誰も見たことのない災難、死んだ人をうらやむほどの災難、未曾有の災難が降りかかる」とイエス・キリストは言った。耐えて耐えて、もう耐えられないと思うところをさらに耐えて、死んでも耐えて、そうやって終わりまで耐え忍ぶ者は救われる、のである。だから私たちは耐えねばならない。

そして、新しい天と地に住む者とならねばならない。耐えに耐えた人生が黄泉《よみ》の国往きであったり、黄泉の国のあまりの汚さに消されてしまうなどあまりにも悲しいことである。何のため苦しみに耐え生きてきたのかわからない。

変わる意志を持った人間と、決して変わらない意志を持った人間と二通りの人間がいる。変わらない意志を持った人間に、たとえそれが神の言葉であったとしても、変わらない意志ゆえ、誰が何を言っても無駄である。

傲慢人間、人は神と思っている人間、生かされていることを忘れ果てた人間、彼らは決して変わろうとはしない。変わる意志を持たない。そのような人間は放っておけばよい。どうにもしようがないのだから放っておくしかない。裁きの日まで。

霊なる神以外、助けてくれる者はいない

ピノキオがゼベットおじさんにより、操り人形から本当の人間の子供にしてもらうための条件は、正直とやさしさと勇気を持った子供になることであった。

子供から、人間は、自分は何のために生まれてきたのか、と問われたら、「『正直』と『やさしさ』と『勇気』この三つをおじいさんやおばあさんになるまで持ち続けていられるか、それを試し、見るために神様があなたをこの世に生まれさせられたのよ、おじいさんやおばあさんになってもこの三つのことを忘れないでちゃんと持っているかってね。忘れないで持ち続けていた人は、年を取って死んだら、天国へ往くのよ」と答えればいい。天国へ往くのは単純なことである。「正直」と「やさしさ」と「勇気」この三つが天国往きの切符である。

八月六日。広島の原爆の日、平和記念式典に国連事務総長、米大使、英・仏の政府代表者が六十五年目の今日初めて訪れたとテレビのニュースが伝えている。遅いのである。二

十年ぐらい前、長崎原爆資料館を訪れた時、これが二度目で一度目は小学校の修学旅行の時であったが、二度目の時も、誰一人要人が訪れていないのに驚いた。遅いのである。

しかもアメリカのオバマ大統領が、核廃絶を唱えているから核兵器がテロリストの手に渡ってアメリカが核攻撃されるかもしれないと恐れているだけで、あくまでもエゴイストの自分たちが原爆で死にたくないという子供でもわかる理論である。人の頭上に落としても何とも思わないが、我が頭上に落ちるのはいやなのである。人を原爆で一瞬にして数十万人を殺しても何とも思わないのに、自分たちが一瞬にして死ぬのがいやなだけ、それだけの理由である。

三十年も前から私はアメリカは原爆で滅びる、と言い続けてきた。フルシチョフがアメリカに原爆を落とそうともう準備が整っていた時、ソ連の一人の勇気ある人間によってすんでのところでそれを食い止めた。命がけでアメリカにそれを知らせ、核攻撃から逃れられたというのに、アメリカはその大恩人のソ連の一人の男を冷たく見放した。アメリカの命を救ったその一人の男を手厚く保護するどころか、アメリカはその男を見放した。アメリカという国はそういう血も涙もない人間の集団である。

九・一一テロで身内を亡くしながらも、報復に反対し、必死でアフガン攻撃をやめさせようとした、ごくごく少数の人々がいた。ところが身内を殺されながら、それでも報復に反対するこの少数の人々に、民衆はありとあらゆるいやがらせを繰り返し、身の危険さえ覚えるほどに追いつめた。アメリカの悪魔はすべてとは言わない。アメリカをはじめ、悪魔化した国の中に、ごくわずかの正しい人々がいる。悪魔に洗脳されていない人たちがほんの少数いる。

アメリカへの原爆投下を食い止めたソ連の勇気あるその男は、ソ連へ連れ戻され、射殺された。アメリカは自国を救ったこの男を見殺しにした。利用するだけ利用して。

一度は回避されたが、間違いなく、確実に、アメリカには原爆が投下され、広島、長崎とまったく同じ悲惨と苦しみを味わう時が来る。三十年も前から私はそう言い続けている。「剣を持つ者は剣で滅ぶ」のである。皆覚悟しなければならない。

超々々古代から核戦争はあった。ソドムとゴモラ、それよりずっと前から人類は核を持ち核戦争をしてきた。金星や木星や火星や月が草木一本生えない生物の住めない惑星となったのは核戦争のせいである。草木の一本もない、生物の住めない惑星となってもまだ弱々しい光を放ちながらでも存在しているからまだいい。しかし、もはやこの地球という惑星は存在し得ないのである。

アメリカにある核の数は八千個である。クラスター爆弾がアメリカには数千個ある。広島、長崎の原爆の一千倍の威力を持つ水爆もアメリカにはある。ロシアも数千個、中国も数千個、何十年もかけてイスラエルも数千個、インドも千個ぐらい。イギリスもそれぐらい。ロシア、アメリカ、イギリス、中国、イスラエル、インド、イラン、リビア、パキスタンも、どの国もどれぐらい持っているかなど公表しないが、アメリカが八千個持っているのだからロシア、イギリス、イスラエル、インド、パキスタン、中国にも千個以上はあるだろうと思うのである。何せ今もせっせと造り続けているのだから。北朝鮮など三個ぐらいだろう。かわいらしいものである。

この現象は、惑星が丸坊主になって草も生えないでゴツゴツした茶色のみすぼらしく哀れな岩石の塊と化すようになっても、それでも弱々しい黄色い光を放っているのは、この惑星がもともとは水晶でできているからである。このような姿になっても黄色い光を放つのは、何度も言うように、創られたはじめ、すべての惑星は水晶でできていたからである。

地球規模、人類規模で、これほど恐るべき大量の原爆と水爆、これほどの多くの国々が人類最終兵器を持ったことは、人類始まって以来、かつて一度もない、ということである。地球を滅ぼすのに十分すぎる量である。

丸坊主になった地球が残ることはない。地球は青くなどない。青く見えたのは海の色である。もっとずっと遠くから見る地球は、だいだい色に、月の光ほどの色もなく、弱々しいだいだい色を放っている。しかも今にも落ちそうに傾いている。これだけの国が持つ核、この恐るべき量の核、かつて人類がやったことのないことを今人類がやっている。地球もろとも人類は滅びる運命である。これでもまだミロクの世が来て地上平和が訪れるなどとほざく者は、無知以外の何ものでもない。ノー天気というのである。一を聞いて十を知る、知恵のある者しか霊なる神は救わないのである。

言っておくが、ご先祖様に子孫を救う力など一切ない。背後霊に父や母や祖父、祖母がいてあなたを守り助けています、というのは嘘である。成仏できないで、子孫の周りをウロウロとさまよっているだけのことである。はっきりと言う。先祖に子孫を守る力などはない。私たちを守り、救ってくれるのは、真の救い主は「霊なる神」ただこのお方のみである。我々を、霊と光によって創られた、宇宙の創造主、万物の創造主、このお方のみである。皆、覚悟の時である。

ソビエトは五百回にも及ぶ核実験を繰り返してきた。地下核実験も含め、原水爆の実験回数はアメリカの方がソビエトよりさらに多い。他の国も知られないところで秘かに実験をやっている。小型化された原爆、水爆の地球上の数は卒倒しそうな量である。

アメリカ、ソビエトだけで一千回以上の核実験をやっている。その末路はがんである。広島と長崎に原爆が落とされ、自分の町でなくてよかったなどと思っているうちに目に見えない恐るべき回数の原爆、水爆実験によって空に放出された放射能が、全世界の空をおおい今も人類の上に降り注いでいる。

目に見えない空の恐怖は、この日本人をも今や二人に一人ががんという恐るべき形で現れている。長崎、広島だけの問題ではなく恐ろしい回数の原水爆実験の結果は、地球上の人間の半分ががんで苦しむという結果をもたらしている。がんにならないのは今では奇蹟である。二十年ほど前までは日本人の三人に一人といわれていたがんが、今では二人に一人がなるというありさまである。もしがんにならないなら、それは奇蹟である。

広島、長崎を他人事と思ってきたならば、それはとんでもない間違いで、目に見えない放射能が私たちの頭上には降り注いでいる。先祖に私たち子孫を助ける力はない。がんで苦しんで死んだ先祖がこの苦しみを子孫に味わわせてはならない、とその子孫が決してがんにはならないということは決してなく、それはもはや立証済みであり、むしろその反対である。

何でも他人事と思っているととんでもないことになる。霊なる神以外、助けてくれる人はいない。キリスト教の国アメリカがなぜ同じキリスト教の信仰深き人々の頭上に、しかも浦上天主堂のキリスト教会の上に原爆を落としたのか、長い間の疑問であった。今年、私は私なりの結論を出した。それは長崎の人々がキリスト信仰ではなく、マリア信仰であったからではないか、と。

今世イエスはマリア信仰をひどく嫌っていた。そのことについて質問した時、言葉では何も言われなかったが、その表情は苦く、完全なる拒否の表情であった。答えはいつも自分たちで見出さねばならなかった。一つの言葉の意味を理解するのに何週間、何ヶ月も考え続けた。しかし、イエスのそのたった一つの言葉の意味を理解した時、私たちの魂は一気に引き上げられていた。「あの言葉の意味は何だ」「あの言葉はどういう意味だろう」イエスの発する言葉の意味がわからず、懸命に私たちは考え続けた。その繰り返しであり、あくまでも答えは自分で見出さねばならず、一つ一つの言葉の意味を理解する度、私たちの魂は、そのつど一気に引き上げられていった。

それにしても悟るに遅く、非常な弱虫人間であった。出会った時のことを今でもはっきりと覚えている。後に、同年、月、日に生まれているとわかったが、自分の頭がからっぽ、何一つ知らない頭がからっぽの、頭の中がまっ白で大切なことの何一つも頭に入っていない、からっぽの自分を知り、うろたえ、激しい動揺を覚え、恐怖に打ちのめされたことをはっきりと覚えている。

この人の持ったものをすべて我がものにする、一語一句も聞きもらすまい、この人のすべてを自分のものにする、からっぽの自分を埋める唯一の作業であった。同年、月、日に生まれていながら、その魂には天と地ほどの違いがあった。パウロが自分の胸を指し、「ここに何も入っていない、ここがからっぽだ」と目に涙を浮かべながら言った彼の気持ちが私には痛いほどにわかる。だがその時には、「私が去るのはよいことだ。私が去れば、真理の霊が、聖霊が、あなた方をあらゆる真理へと自ら導いてくださる」。もうそういう時で、「だからそこを埋めるためにこうやって懸命に何年も何十年も話をしているのに、また地獄へ往くつもりか！」とどなってても男泣きに泣きながらでも付いてこようとはするのだが……。

聖霊とは何ぞや？　キリスト教ではない私は長いこと聖霊の意味がわからなかった。私はごくごく平凡な、一人の人間である。特別なものは何一つ持ってはいない。まったく平凡な人間であり、他の人より弱い人間であることを日々思い知らされている。実に弱い人間である。オロオロする。だから宮沢賢治が好きである。しかし最後に対する芯の強さはある。育ててもらったイエス・キリストのおかげであり、常に共にある聖霊のおかげである。

「もう教えることは何もなくなった。天国の門の鍵をあなたに渡そう、これからは聖霊があなたと共に在り、自らあなたを真理へと導いてくださる。私たちは兄弟である」

最後にこのように言われた時、その頃はもはや言葉はなくても表情を見ればすべてが理解できた。イエスはマリア信仰をひどく嫌っていた。エマニュエル・スウェデンボルグと重なるが、イエス・キリストの名を語りながら、神になりたがった、神になり信者の頂点に立ち、信者を引きつけ支配するためにあらゆる手を使うあるキリスト教の伝統的一派の洗脳。マリア信仰もその一つではないのか。

だからイエスはあの苦々しい完全なる拒否の表情をしたのではないか。マリア信仰は間違っているのではないのか。大きな間違いではないのか。イエスのあの表情を見た時から私はずっと考え続けてきた。なぜあれほどいやがったのかを。三十二年目にして私は長崎に投下された、同じキリスト教の教会の信者の頭上に原爆が落とされたのか、なぜ浦上天主堂の上に、カトリック教会とその信者の真上に原爆が落ちたのか。いま、私はそれはマリア信仰であったからだと思っている。

イエス・キリストの再臨の恐ろしさと、霊なる神の恐ろしさを、人類が思い知る時が来たのである。厳しいことを言うようだが、死んでのちもマリア信仰を続けているならば、その人たちは、新しい天と地へは往けない。マリア信仰は大きな間違いであって、天国へは往けない。

核戦争が勃発する前に、この日本が危ない

八月九日。今日は長崎原爆の平和式典の日である。駐日アメリカ大使は長崎の式典には出席しなかった。イランには原爆を造るなと厳しい態度をとりながら、イスラエルにはまったく何も言わない。オバマも怪しいものである。ブッシュ同様に。

小型化された原子爆弾を八千個も持っていながら、その上、あのような恐ろしいクラスター爆弾を数千個も保有しながら、沖縄のあまり人が近づかない島に、クラスター爆弾を

落としているのをテレビ朝日が突き止めていた。オバマ大統領が、アフガニスタンの兵士をすべて引き上げるから、代わりに日本の自衛隊を派遣してくれと言っているそうで、警察がきっぱりと断っている、と「朝まで生テレビ」で言っていた。

きのうのニュースで、アフガニスタンにいる海外の巡回医師団八名と、アフガニスタンの医師二名、計十名の医師の射殺死体が放置されていて、アルカイダが殺したと声明を発表したと言っていた。もう何十名のジャーナリストが殺されたかわからない。アメリカを憎み、アメリカを叩きつぶしたいアルカイダのいる所に、数万人いる兵をすべて引き上げるから日本の自衛隊に行け、などと言うとは。自分が増兵しておきながら、よくそんなことが言えるものだ。ブッシュも悪魔、オバマもやはり悪魔の手先であった。

イランに目くじらを立てるくせに、イスラエルが持つ千個以上の核原爆には何も言わない。まさに悪魔である。テロの手に渡ってアメリカが攻撃されるかもしれないという恐れは抱いている。これほど日に見えて利己主義な国、利己主義な大統領、狂気のブッシュ、正義の顔をしたエゴの塊のオバマである。世界は悪魔に洗脳されている。

心配しなくても、必ず、間違いなく原子爆弾は、アメリカの頭上に降り注ぐのである。身から出た錆であるから、神を呪い、恨まないことである。二度あることは三度ある。三度目がアメリカである。その前に、核戦争が勃発する前に、この日本が危ない。中国も北朝鮮も脅威ではない。日本にとって脅威の国が別にある。誰も考えてもいなくて、思ってもいない国がある。ハイエナの国である。

第二次世界大戦の時は日本は立ち直ったが、もはや日本が二度と立ち直ることはない。終わりはこの日本から始まる。核戦争の始まる前、この日本はつぶれている。日本がかろうじて立っている間は、世界はつぶれない。世界の終わりの始まりは、この日本からである。

もうすぐ八月十五日が来る。

日本の終戦とか敗戦とか呼ばれる日である。一九四五年（昭和二十年）、七月二十七日に私は生まれた。この終戦とか敗戦とかいわれる日の十八日前である。

小学六年生の修学旅行の時と、二十年ぐらい前と、長崎原爆資料館に二度行った。浦上天主堂の周囲をぐるっと一周して外に出てみると道に矢印がしてある。誰一人、人はいない。私も一人である。人っ子一人いない林におおわれた細い道を、矢印に沿って「これは何のためのしるしだろう。この先には何があるのだろう」と軽い気持ちで一人矢印をたどって歩いた。誰一人いない淋しい場所である。

テクテクと歩いていたら、突然目が点になった。「えっ、これはまさか」あまりの驚きに立ちすくんだ。「えっ、まさかこれは」

この時より少し前、永井隆博士の随筆を映画化した「この子を残して」という映画を観た。その映画に出てきた一坪の建物と寸分違わぬ建物が突然目の前に現れた。

町の人がどこからか材料を集めて永井博士のために造ってくれた一坪の家である。放射能を浴びた博士が身を横たえ、亡くなるまで過ごした、博士が名づけた如己堂《にょこどう》である。あまりのことに仰天しながら、奥に何があるのだろうと思いながら奥へ行ってみると、小さな部屋に、男の人がポツンと座っており、誰一人ここを訪れる者はいない、という雰囲気の中、永井博士の著書が並んでいた。十冊すべての著書を買い、私はその本をむさぼり読んだ。それらの本は、今も私の本棚に大切に並べられている。

当時、原子爆弾を知るには、永井博士の本を読むしかなかった。そして『平和塔』という著書の中の一節を、この二十年間お守りのように胸の中に噛みしめ続けてきた。

「平和を祈る者は、一本の針をも隠し持っていてはならぬ。自分が――たとい、のっぴき

ならぬ破目に追いこまれたときの自衛のためであるにしても——武器をもっていては、もう平和を祈る資格はない。（中略）

わが国が自衛権をさえ放棄したことに対して不安を感じ、わずかな軍備は必要ではあるまいか、などといいだす者がいる。弱虫である。おくびょう者である。

七つ道具とやらをひっかついで力んでいたベンケイさんは、強そうな顔をしていたが、なーがいナギナタだけでは安心できなかったのか、腰には大刀をつるし、背中にはノコギリ、カケヤなど、人殺し道具七つまでも持って歩きまわったものだった。現代だったら、軍刀つってピストルぶらさげて、手りゅう弾を腰につけ、自動小銃を左肩に、重機関銃を右肩に、そして背中には火炎放射器と機雷くらい背負って、義経公のあとからついて歩いたであろう。そんなに物すごい武装をして、がんばったにもかかわらず、とうとうお寺の山門で、全身に矢を受けて立ち往生を遂げざるを得なかった。（中略）

ナイフ一本でも持ったら、もうこの勇気はなくなり、さらに木刀が一本欲しくなってくるのである。——木刀を一たん手にもつと、こんどは何かなぐりたくなってくるのである。闘争だの戦争だのという騒ぎは、つまり、おくびょう者がやるのである」（同書より）

「平和を祈る者は、一本の針をも隠し持っていてはならない。武器をもっていては、平和を祈る資格はない」。この言葉を私は長い間胸に刻み込んできた。

戦後六十五年。終戦、敗戦、原子爆弾、広島、長崎に投下、さく裂、死者二十一万人、被爆者数え切れず、この時と共に私も年を重ね、この年月と同じ六十五歳になった。

私が五歳の時、どこかの知らないおじさんが立派な大きな木箱を両手で抱えて、何か厳粛な顔をしてそれを持ってきた。

おじさんが帰ったあと、祖母と母が「誰のものだかわかったもんじゃない!!」と吐き捨てるように言った。箱の中には人間のひからびた指が一本入っていた。毎日欠かさず仏壇で祖母がお経を上げていたのも、それは九十六歳で亡くなるその日まで、日も欠かすことはなかった。私は祖母のあげるお経を子守歌として育った。

顔も知らないその叔父さんは、おばあちゃん・おじいちゃんの息子、つまり母の弟であるその人は、もう帰ってこないのだ、と五歳の私はその時悟った。

その日から、夜寝る前、ふとんの中で小さな手を合わせ「かみさま、お父さん、ビルマのおじちゃま、お休みなさい」とお休みの祈りを捧げる相手が一人増えた。二十七歳の叔父は、ビルマへ戦争に行き、戦争が終わっても五年間も音沙汰がなかった。私が五歳の時、つまり終戦の五年後にひからびた指一本、誰のものかわからない、ひからびた人間の指一本が帰ってきた。

毎年八月になると、あちこちでの戦争の記録映像がテレビに映る。ビルマ（現ミャンマー）の映像が出る度に、無数に転がる人間の死体に必死で目をこらし、私は叔父の姿を捜す。毎年ビルマの映像が出る度に、身を乗り出して必死で叔父の死体を捜した。今も無意識にビルマに転がる若い無数の死体の中に叔父がいないかと必死で捜す。戦後六十五年も経つというのに。

わかろうと努めても、どうしてもわからないことがある。

「耐えがたきを耐え、忍びがたきを忍び――」あの天皇陛下の玉音放送である。皆、国民は地べたに座り込み、泣いている。

毎年テレビに映る、この光景が私には理解できない。この場面を見ながらいつもしらけてきた。戦争に負けたことがそんなに悲しく、国民総出で地面に座り込み涙を流すほどに悔しいのか。もっと大勢を殺し、勝っていればうれしいのか。戦争とは私の知る限り、より多くの者を殺した方が勝者である。この場面を毎年見る度、「日本国民は、もっと大勢の者を殺せ！　殺しまくって全滅させて、戦争の勝利者となれ！」日本国民はそう思っていたとしか思えず、心底しらけていやな気分になる。勝てば満足だったのかと。なぜ昭和天皇は軍服を着て馬に乗っているのかと。これも私にはわからない。何か軍のトップのような雰囲気である。

さらに軍が戦争を拡大しようとした時、御前会議で昭和天皇はなぜ、「私は反対だ、だが仕方あるまい」などとあいまいなことを言われたのか。「これ以上戦争を続けると言うなら、この私を殺してからやれ！　断固許さぬ!!」となぜ言われなかったのか。この時点で止めていれば、降伏していれば、B29の雨あられの爆撃で東京、大阪、そして私の町・久留米も黒こげの死体が累々と積み上げられることはなかった。沖縄の悲劇も、広島、長崎の原子爆弾投下もなかった。

原子爆弾の威力を人間で試す、という悪魔の試みも確かにあったろう。しかし原子爆弾を落とさなければ、まだ日本は戦争を止める気はなかったことも確かなような気がする。「天皇陛下バンザイ」と言って勝ち目もない戦争に駆り出され、死ぬまで戦えと命令され、国軍のトップのように私には見える天皇から、「私は反対だが、仕方がない」と言われ、国からは見捨てられ、見殺しにされ、生きて帰ることを許されず、少年や青年のおびただしい無念の死があることを……火葬も埋葬もされず、見知らぬ異国の地で骸《むくろ》となって打ち捨てられた数え切れぬ若者の死があることを……すさまじいB29の爆撃が町を破壊し、黒こげの人間の死体が山と積まれたことを……私の町・久留米にいまもある池町川は水を求めてきて力つきた人間の死体が累々と折り重なっていたことを……沖縄のあのすさまじい惨状を理解してほしい。広島・長崎の人々も、苦しみは自分たちだけではないことをわかってほしい。

六十五年が経ったいま、原爆の被害者には、直撃を受けなかった者や原爆を投下されなかった者にまでがんという、放射能を浴びた人々と同じ病に冒され苦しむ大勢の人々がいることをわかってほしい。放射能が空をおおっていたせいで、生き残った人々と同じ症状で苦しむ人々が数え切れないほどいることにも、広島・長崎の人々は目を向けてほしい。悲劇は自分たちだけに訪れたのではない、と理解してほしい。

あの悲惨な戦争からわずか十九年後に、東京オリンピックが開かれている。学生たちまで駆り出され、学徒出陣で、おびただしい数の学生たちが並ばされ、そこから戦場へと行かされた。その同じ場所で、十九年後、東京オリンピックが開催された。

悲惨に、むごたらしく、骸となって若者たちが戦場に放置されているというのに、東京オリンピックである。この人間の変わり身の早さはいったい何なのか。追悼もなく、国は数え切れない若者の死骸を戦場に放置し、オリンピック、お祭りである。

ドイツ人は今でもお年寄りから若者まで懺悔《ざんげ》の気持ちを持っている。

昭和三十九年、東京オリンピックの年、十九歳だった私はドイツで、ドイツ国民の総懺悔の姿を目の当たりに見てきた。華やかさのかけらもなく、ベルリンの町も人も静まり返り、人々は皆黒い服を着、淋しそうに、静かに皆ほほ笑んでくれた。まるで鎮魂《ちんこん》の町であった。東京オリンピックになどかけらの興味も私にはなかった。

生きた者が成仏しない限り、死者は成仏できない

墓だの葬儀だの、今日やたら人々は騒いでいる。テレビでまでどのような葬儀を自分はしたいのかなどという特集番組までやっている。私は昔から自分の墓を持つとか葬式をやるとか一度も考えたことはない。六十五歳になった今も、まったくそれは変わっていない。

自分の墓や葬式と考えただけで私は消え入りたくなるほど恥ずかしくなる。なぜか結婚式

と同様の消え入りたいほどの恥ずかしさを感じる。

「焼くだけにしておくれ。骨や灰も拾うな」と常々言ってきたが、昨年の母の葬式の時、葬儀屋さんが、骨を拾わないと一箇所に集められ、供養をしますよ、と言われたので、急きょ、ほんの少しの骨と灰を拾い、高良山の登山道を少し登ったあたりに捨てておくれ、という考えに変わった。「葬式はしなくちゃでしょう」と一人いる娘は言うが、「いいや、これは私の主義主張。私はこの世に生きた証しを何一つ一切残したくない」と反論する。

やっと最近、娘は私が本気だと言うことをわかってくれた。それでも、「とやかく言う人がいるかもしれないからちゃんと書いておいてよ」と言うので、それもそうだろうと思い、遺言書に、葬儀をしないこと、少しの骨と灰を拾い、高良山の登山口を少し登ったあたりに捨てること、としっかりと書いておこうと思っている。

自分の生きた証しを一切この世に残したくない、これが私の真実の願いである。

「海に撒いておくれ」と言う人がいるが、皆が一斉に海に散骨をするようになれば、海や河が汚れてしまう。これ以上海や河を汚してはいけない。それでなくても海や河は汚れているのに、これ以上、散骨などはしてはいけない。

近くの山が一番いい。拾うまねごとで、少しの骨と灰を拾えばいい。この主義主張を通すため、世の常識とかけ離れているため、ずいぶん苦労をする。自分の墓など私はまっぴらごめんである。ごめんこうむりたい、心から私はそう思う。

それは今始まったことではなく、ずっと昔から、若い頃からそう思ってきた。今も一切変わっていない。この世に生きた証しを一切、何一つ残したくない、という思いと、もう一つ理由がある。

愛する人を供養するということは、立派な墓や立派な葬儀などではなく、お坊さんのお経でもなく、残された自分自身がこの世で成仏する以外、死んだ人を成仏させ天国へ送る道は絶対にないと我が身をもって経験したからである。立派な墓や、立派な葬儀をしたからといって愛する人が成仏し、天国へ往けるわけではない。残された自分が成仏しなくして死者は成仏しない、ということを、私は我が身をもって体験したのである。

形ばかりのことをしても何の意味もない。天国へ送り届けて初めて、死者も残された者も平安を得る。そのためには残された者、遺族のこの世での成仏しか他に方法はない。それを私は身をもって体験したのである。

国も慰霊祭もいいが、政府も国民も、皆一丸となって、一人一人がこの世で成仏することである。それをしない限り、太平洋戦争で死んだ三百万以上の人々の霊魂は浮かばれない。浮かばれないとどうなるか。生きて残された者は孫、子の代まで不幸を味わう。生きた者がこの世で成仏しないから、日本はまっ先に沈没する。そうして日本が二度と立ち上がることはない。

成仏するどころか、金、金、金、と皆金の妄者となり、上から下まで金持ちが偉い、そんな国を造り上げてきた。成仏どころではない。日本国民一丸となって金の妄者と成り下がった。戦争で死んだ人の霊は浮かばれず、天国へなど誰も往けず、霊界、現実界共に沈没である。

日本とアメリカとイスラエルが一番ひどい。イスラエルも、いいかげん成仏しないと、アウシュビッツで殺された人々は、六百万のユダヤ人は天国へは往けないでさまよっている。生きた者が成仏しない限り、死者は成仏できない。

他の国々も同様である。死者の怒りが現実界に投影されて、霊界、現実界、表裏一体の憎しみの連鎖が消えることはなく、争いと対立と虐殺とゲーム感覚の戦争、一般人を巻き込み、おびただしい数の人々が今も死んでいる。天国へ往く者は少なく、霊界でも同じように、同じ民族同士が殺し合い、殺したり、殺されたり、霊界でもまったく同様に戦争をしている。しかし殺しても霊体は死なないから、飽くなき殺し合いを繰り広げている。現実界にいる人間が成仏しないからである。

太平洋戦争どころではもうないのである。原子爆弾の恐ろしさを知らない人間が核を持ち、核戦争が始まる。太平洋戦争の形ばかりの慰霊をしている場合ではない。

三十二年前、私はこう書いている。

「もう私たちは後戻りすることのできないところまで来てしまった。

人間の目にはゆるやかに、しかし神の目にはものすごいスピードをもって、いま、人類は破滅へと向かって突き進んでいる。人類がてんでに群れをなし、一つの塊となって、自ら破滅へ、破滅へと突き進んでいる。（中略）

いま私たちに必要なものは〝愛〟である。〝愛〟だけが唯一私たちを救う。私たちは互いに愛し合わねばならない。さもなければ……私たちは死ぬだろう。私たちは〝愛〟をもって生きねばならない。さもなければ……死に絶えるだろう。

もはや誰一人、破滅に向かって突き進むこの膨大なエネルギーを押しとどめられる者はいない。破滅寸前の、破滅の瀬戸際に立った私たち人間に救いの手を差しのべられる者はいまい。もしあるとすれば、それは〝愛〟だけだ。

もはや引き返すことのできないところまで私たちは来てしまった。群れをなし、世界中が魂を一つにして、恐ろしい勢いで、狂ったように破滅へと突き進んでいる。〝愛〟の復活が間に合わないとするなら、私たちは日を経ずして滅び、死に絶えるだろう。〝愛〟をもって生きることに気づくのが遅すぎるなら、私たち人類はすべて死に絶え、地上は死骸の山と化すだろう」（刊行後数ヶ月で回収された拙著『愛の黙示録』より）

三十二年前、まだ世の中は平和であった。巨大地震や、巨大津波や、ゲリラ豪雨もなく戦争の影もなく、我が子を虐待し、殺す事件も、バラバラに人間を切り刻み捨てる事件もテロ撲滅の戦争もなかった。三十八度、四十度というヒートアイランド現象もなく、三百名以上が熱射病で死ぬ、などということもなく、二人に一人ががんになるなどということもなく、人々はそれなりに平和に暮らし、平和を満喫し、グルメを楽しんでいた。

霊界の話をすれば、「往って帰ってきた人はいないんだから」と言い、インドの死に往く少年が死の床で「あなたに神の恵みがありますように」と言ったと感動して言えば、「そういう習慣なんでしょ」で片づけ、「あなたは猫が玉を取って遊ぶように、愛をおもちゃにしている」と言った人もいた。

出版社がだめだから新聞社に原稿を持っていったことがある。「神がかりの内容ですね」とまったくとり合ってもらえなかった。行き詰まった私が新聞社などへ行くのが間違いであるが……。どの出版社からも相手にされず、もうどうしていいかわからず、あせった末のことである。

もう一度、三十二年前に書いた私の言葉を読んでほしい。その後、真の平和が訪れたか。私が言ったことは間違っていたか——。もはや後の祭りであると私は断言する。

人々が浮かれている時に先を見通すのが預言者であり、予言者である。私はイエス・キリストの弟子である。

二千年前イエスは、弟子たちが「あなたの再臨と世の終わりにはどんなしるしがありましょう」とたずねた時「私のこの福音が、全世界に宣べ伝えられた時、その時終わりは来る」と言った。二千年前に、二千年後についての預言をしたのである。

イエスの弟子である私は、霊なる神によって、さらなる預言をする。浮かれている者は浮かれているがいい。三十二年前の私のこの言葉を信じない者は、在りて在るもの、霊なる神をも信じないだろう。恐怖の叫びを上げて霊、肉共に火の釜に投げ入れられ、霊なる神によって消し去られる。

私の激しい言葉をどうか許してほしい。

三十二年間も叫べど誰も信じず、改心もせず、愛を復活させることもせず、このような世界になったことへの怒りから発した言葉である。霊なる神の怒りでもあり、イエス・キリストの怒りでもある。神の怒りについて、もう三十二年前に私は語っている。怒りを通り越してあきらめているが、書いているとつい爆発し、激しい言葉になってしまう。

私の怒りなどかわいらしいものである。神の怒りのすごさを前にして、全人類は震え上がるだろう。イエス・キリストの再臨が何を人類にもたらすか、おとなしく十字架で殺されたりなどしない。右のほほを打たれたら左も出せなどと、やさしいことなど一切言わない。人間を、火と水で裁くために来たのだから。

霊なる神も、イエス・キリストも、二千年前のやさしさなど人間に対して持ってはいない。選別し、滅ぼすためにきた。私の怒りなどかわいいものである。

小学三年生の八歳の女の子が首をつり自殺したと、毎日ニュースが報じている。

転校生で、ひらがなでノートに「しね！」と書かれ、エンピツはすべて折られ、どれも短くなってしまい、十日間ほど学校を休んでいた、という。三年生の四月から毎日学校に来ていたので、これらのことと自殺との因果関係はない、と校長は言っていた。誰がノートに「しね！」と書いたのかわからなかったので、特に調べることもしなかった、とは校長の弁である。

三年生の四月から学校へ来ていたということは、いじめがあったのは小学校二年生の時ということになる。小学二年の子が、転校生の同じ二年生の子に「しね！」と書き、いじめ、八歳の子が追いつめられて首をつり自殺をする。

これこそ〝愛〟のなさの極みではないか。ここまで来たかという衝撃を、テレビのニュースで毎日報じるのである。

私なら親として、学校と犯人のところへ、「娘を返せ！」と怒鳴り込んでいくが、犯人が八歳の子である。絶望的な気持ちになる。いじめと自殺との因果関係はない、ときっぱりと言い切ったこの校長と、私なら命をかけて戦う。

ノートに「しね！」（ひらがなで〝しね〟）と書かれていたと校長は言い、ずっと前からいじめられていたことを知りながら、八歳の子が自殺したというのに、いじめと自殺との因果関係はない、とぬけぬけと言うこの女校長と、私なら命をかけて戦う。許さない。絶対に。泣き寝入りはしない。

「しね！」とノートに書いた子を捜し出し、その子の親と戦う。悪魔の子を作った親悪魔と命をかけて戦う。無責任な教師や悪魔の親をぎゃふんというほど痛い目に遭わせ、やっつけないと、この問題は必ずまた起こる。

いじめを見過ごしたら、こういう目に遭う。愛のない教師と悪魔の親を徹底的にやっつけないと、必ずまた、同じことが起きる。もはや珍しいことではない、と思うぐらいに起こり始める。八歳の子がいじめられて首をつり自殺したという信じられない出来事だから毎日ニュースが報じる。

今徹底的にやらないと、珍しい事件ではなくなる。相手は悪魔の子である。悪魔の子の親を巻き込んで戦わなければ、他人事と思っている者は、いつ我が子がそういう目に遭うかわからない。

我が身に災難が降りかかると、人は必ず「なぜこの私が」と言う。何でも他人事と思う。愛のない人間だからである。このいたいけな、苦しかったであろう、淋しかったであろうかわいそうな女の子は、これから起こり始めることの犠牲者である。珍しいことではなくなることへの警告であり、犠牲である。

どうか天国へと行かせてくださいい、霊なる神に向けて祈ろう。願いごとをする神ではないので、「どうかみ心のままに。できますならば天国へお連れください」と祈ろう。

延命などすべきではない

週刊誌に気になる記事が二つあった。

「地球は狂っている」というタイトルで、世界中の異常気象による惨状の写真がたくさん載っていた。確かに狂っている。人間の想念が狂っているから地球も狂っている。人間の想念が先で、地球が後だ。恐ろしい写真である。

もう一つは、いつもは好意的な記事しか書かないこの週刊誌が、何か怒りをもって書いている。「雅子妃が暴走」という見出しで、八月六日、広島の原爆の日、駐日大使や国連事務総長、フランス、イギリスの政府代表が初めて平和式典に参加し、祈りを捧げているその日、八月六日にリゾートホテルで愛子さまの友人やその親たちでディナーを楽しまれ、遊覧船に乗る予定であったが、これはキャンセルされたという。リゾートホテルに愛子さまの友人とその親たちが宿泊されており、合流され、ディナーや遊びを楽しまれた、と。

いつもと違い、かなり厳しい内容の記事であった。

八月六日、広島の原爆の日に、である。一般国民でさえ静かに祈りを捧げた人々は大勢いたと思う。

週刊誌の記事同様、私もあきれて、もはや何をかいわんやであった。日本国のことにはまるで興味のない人が、将来、日本国民の母、皇后になるのだろうか。

しかしそんなことはどうでもいい。もはや何の関心もない。二十七歳の息子をビルマで殺されても、一言の悪口も恨み言の一切も口にせずに死んで往った祖父母と母であったが、昭和二十年生まれの私は違う。貧しい、明日の糧をどうしようかと考えている、クーラーがなく熱射病で家の中で死んでいる人多数、食べる物がなく餓死した若者もいる。企業はバタバタと倒れ、どの町もこの町もシャッター通りとなり、若者も大人も職はなく、容赦なくリストラされ、給料は下がり、わずかな年金からも税は取られ、あまりの税金の高さに大企業は安い労働力の海外へ行ってしまっている。あまりの税の高さに庶民は悲鳴を上げ、爪に火を灯すような生活を強いられていると、国民代表として私は言う。

国民から絞り取った税金であなた方は生活しているのだと。政治家が国民の悲鳴に無関心であるのと同様、この上菅さん、菅総理、消費税10％に上げるんでしょう？　10％が

15％になり、20％になり25％と、どんどん上げていくつもりであることは庶民は見抜いている。

皆が、国民が苦しんでいる時に、自殺者が十二年連続で三万人以上もいる国は日本だけだというのに、消費税10％ですと？　卒倒しそうなくらい国民は税を取られている。どこに行っているのかわからないような税まで。死ぬまで昭和天皇の悪口一つ、恨み言一つ言わなかった祖父母と母に代わり、私は言ってやる。

昭和天皇の時代、日本は戦争を起こし、数百万人の人が死に、若者が死に、八月六日は広島に原子爆弾が落とされた日だと。雅子さん、あなたの役目を果たさないなら、あなたはそこにいる資格も皇后になどなる資格はない、と。国民の血と汗の流れた税金で自分の好きなことだけをして暮らす資格などない、と。

国民に見放されたら、末はマリー・アントワネットである。このようなことをしていれば、末は覚悟しておいた方がよい。もはや私にとってはまったくの関心のないことである。評論家たちも、さすがこのことについては手厳しい手記を載せていたから、私も思ったところを言ったままである。

もう一つ大切なこと。バビロン捕囚の時とまったく同様に、捕囚として海外へ連れ去ろうとねらっている者たちがいるから気をつけて。静養のための海外や、公務や遊びでの海外ではなく、囚われの身となって、捕囚となって連れ去られる日が来るから、そんなことを言われても気をつけようがないかもしれないけれど、一応頭に入れておいた方がよい。私の予言は必ず成就するだろう。

また一歩、日本は破滅へのカウントダウンを早め始めた。本人の意志がなくても家族の意志だけで臓器移植が可能になったようである。

三週連続、本人の意志表示なくありとあらゆる臓器を取り出し、ほとんど主要臓器すべて、目玉まで取り出したとニュースが伝えている。堂々とできるようになり、遺族の迷いも薄れ、さらに多くの臓器移植が行われる見通しだそうである。

やりたい人はどんどんやればいい。しかし、断固やらない医師もいるはずであり、脳死が人間の死ではないことを体験している人もたくさんいる。

NHKのニュースで「脳死で死亡した患者からの臓器を云々」と毎日言っているが、脳死は人の死ではない。機械につながなければ意識のないまま人は自然に死ぬ。意識がなければ、苦しみは一切ない。神様はよくしてくれたもので、意識がない状態は、一切の苦しみがなく、この世では味わったことのない、得もいわれぬ、気持ちのいい、心地良い何とも言えぬ爽快な気分で、その辺をフワリフワリと楽しく飛びまわっている。死んでいないのだから、遠くまでは行かない。とにかくこの世では味わったことのない心地良さである。

延命をしなければ、静かに静かに、いつ心臓が止まったかもわからないように、一切の苦しみなくあの世へと移行する。まず意識がなくなる、得もいわれぬ気持ちよい世界をフワフワ飛んでいる。心臓がいつ止まったのか周りの者にはまったくわからない。これが人間の理想の死である。

行きすぎた医療技術はよくない。祖父母も母も、その日までピンピンして走り回っていた。祖母など、エプロンをかけてハタキでその日まで掃除をしていた。朝食もしっかり食べ、いつものようにお経を上げ、エプロンをかけて掃除である。ただ一つ違うことをしたのは朝風呂に入り、新しい下着を身につけたことである。

祖父母と母の死を私は見てきた。祖父八十八歳、祖母九十六歳、母九十三歳。三人共その日までピンピンしていた。母など小走りに走り回っていた。

ちょっと昼寝をする、そんな感じである。痛いも苦しいも何もない。三人共である。

眠っている間に意識はあちらへ往き、静かに静かに心臓が自然に止まる。意識はもうあの気持ちのよい世界にいるから一切の苦しみはない。三人共、私にはいつ心臓が止まったのかわからなかった。今でもわからない。あまりにも安らかであったからである。

祖父の手を取った時、温かかった手がすっと冷たくなった。ああ、祖父は霊界へ往ったんだ。私が手を取るのを待って、さようなら、と安心して往った、と思った。涙など流さなかったのは私だけである。人間の自然の死を私はこの目で見た。父のいなかった私たち姉妹は祖父母と母に育てられた。

この三人の死がこれほどまでにおだやかであったのは、私は神様のおかげだと心底思っている。人一倍気が弱くオロオロする私を知っていて、この身内の死に私が動転することのないように、このような安らかな死を三人共に与えられたことを、私は霊なる神に心から感謝している。信じられないほどの安らかな死である。三人共。

だから、延命などすべきでないと私は思っている。心臓を止めるのは霊なる神であると私は思っている。いつ止まるかわからないから、その時がわからないから、ピーピーピーピーとなるあの機械は何と言うんだろう。テレビなどで見るあの心臓が止まったことを知らせるピーピーピーピーと線がまっすぐになる機械で、心臓の停止を知るのだろう。じっと見ていても人間には人の心臓がいつ止まったかは決してわからないだろう。心臓を止めるのは霊なる神である。

自分の心臓が止まるのはいつなのか。何年後に自分は死ぬのか。何歳まで自分は生きるのか。どんなに偉い人であっても、世界の大富豪であっても、大統領も総理も、世界中の誰一人もこれに答えられる者はいない。私にもわからない。霊なる神の分野であり、霊なる神に生かされる者であるからである。自分が自分の力で勝手に生きているのではない。もしそうなら自分の死ぬ日ぐらい知っていなくてはならない。

そうした人間が神の領域を侵すと、審判は早まる。一人でも多くを救おうと待たれている神の審判は早まる。

脳死の人間から臓器を取り出すのは殺人である。こう言っては申し訳ないが、機械につながれ意識のないまま、それでも自分たちの前から消えるな、というのは本当の愛だろうか。自然に逆らわず、見送って、自分たちがこの世で成仏することである。子供を真に愛するならば、自分がその立場だったらどうか、と考えてみればいい。

霊体の存在を知らないから、目玉までくり抜いて臓器移植する医師がいる。人の役に立ちたいという親の言葉はきれいごとである。うわべしか見ていない者の言う言葉である。

片腕や片足を失った人が、ないはずの腕や、もうない足が痛むという。肉体の腕と足はなくても霊体の腕と足が痛むのである。何度も言うように、霊なる神の霊と光とで人間は霊体を持ち、それが本来の姿である。霊体のない人間は存在しない。その霊体の存在を知らないか、無視する者の行為であって、無知のなせるわざである。

これだけ言ってもわからないなら、どんどんおぞましいことをやればよい。断固やらない親も、断固やらない医師もいるはずである。自然に生きるのが一番いい。かわいい子供を亡くしても、自分たち親がこの世で正しく生き、真理を知り、成仏すれば子供は必ず天国へ往き、幸せいっぱいの所へ行く。機械でつないだりしないことである。

人間を機械でつないで生きさせるなどという残酷で愛のない行為をしないことである。脳死の我が子の臓器を提供し「人様のお役に立てるなら」などときれいごとを言わないことである。気持ちのいい世界にいていきなり殺されて、ひどいショックを受け、「殺された、殺された」と彼らはさまよっている。成仏できるわけがない。

言いたくはないが、いま、はっきりと真実を言わないと、ダーウィンの「人間の祖先は猿」と同様、常識と化すだろう。このおぞましき世界はもうすぐ滅ぶ。救い主は、霊なる神、ただそのお方のみである。誰も助けてなどくれない。神につくか、悪魔につくか、今じっと我々を見つめておられるところである。

週刊誌によると、八歳で自殺をした事件。「しね！」と書かれた文字が本人のものと似ていたので学校側は調査をしなかった、と書かれている。八歳の子が自作自演をするのか。本人の自作自演と学校側は受け取っており、いじめと自殺の因果関係はない、ときっぱりと言っていたのはこれでうなずける。家庭での問題はまったくない、と近所の人は言っている。何が何だかわからなくなった。

記事も、何が何だかよくわからない、という内容であり、専門家の意見として、「子供は死というものがよくわからないからこういうことをする」という意見が二、三載っていた。

首つり自殺である。八歳の女の子に普通こういうことは思いもつかない。考えもしないだろう。正常な精神であるならば。ともかく命を大切にしない大人の投影であることには間違いないし、珍しい事件ではなくなることも間違いない。世も末である。信じられないことが起こる時代である。

自作自演？　と思い、八歳の子供たちのいじめが横行していなくてよかった、と一瞬胸を撫でおろしたが、真相がまったくわからない。学校側の責任逃れではないか、という気もするが、記事もまったく真相がわからないとしたまま終わっている。

サンデー毎日に荻原博子氏の「幸せな老後への一歩」というコラムが毎週載っている。八月十五日号のコラムに、聞き捨てならぬことが載っていた。書いた荻原氏が愕然《がくぜん》とし、読んだ私が愕然とし、国民が仰天するようなプランだと書かれているが、読んだ私も仰天し、ムラムラと怒りが込み上げてきた。

こんなやつら早く死んじまえ、と怒りをどこにぶつけたらいいかわからない私はそう心の中で叫んだ。長くなるが全部書いてみる。荻原博子氏の書かれたコラムである。この方は真に偽りなき市民の立場に立った、市民の味方であり、日頃から尊敬している立派な方である。

「民主党政権が鳴り物入りで導入した『国家戦略室』の役割が縮小されるようです。結果、ますます〝戦略なき国家運営〟が行われる可能性が強くなりました。しかも、政治家が政争と選挙に明け暮れている間に、官僚主導の〝菅内閣〟が、国民が仰天するようなプランを練り上げているようです。

そのプランは、『子ども・子育て新システム検討会議』が構想している『新しい子ども・子育て』のシステムです。同検討会議は、内閣府が主導し、行政刷新と少子化対策の内閣府特命担当大臣、国家戦略担当大臣が共同議長を務め、その構成員は総務、財務、文部科学、厚生労働、経済産業の各大臣という大がかりな組織です。そして、この検討会議が新たに『次世代育成支援特別会計』という『特別会計』を創設しようとしているのです。この特別会計には、国が一般会計から負担金、補助金（これは国民の税金です）を拠出し、家庭と企業の労使が保険料を拠出する仕組みになっていて、集めた資金を自治体に給付し、自治体はそれを実情に応じて現金給付や現物給付の形にして子育てを援助しようというのです。このプランを聞いて私は愕然《がくぜん》としました。『公共事業』の評判が落ちてしまった昨今、霞が関では、『子ども』『環境』『IT』『社会保障』が、『公共事業』に代わる利権拡大のキーワードになったと感じたからです。とくに子どもの場合、少子化が進んでいる中では『誰も文句は言えないだろう』と踏んでいるに違いありません。

そんな霞が関の懲りない連中に、わざわざ新しい特別会計を与えるというのは、まさに権力とカネを生む〝打ち出の小槌《こづち》〟を持たせるようなものです。現時点で、子ども関連の費用は育児手当や子ども手当などの現金給付、認可保育所や放課後の児童クラブ、そして病児、病後児保育、地域子育て支援などの現物給付を合わせると約六兆円になります。

こうしたものがバラバラの省庁で扱われているので、これを一つにまとめて行おうということには異議はありません。しかし、そのために新たに特別会計をつくり、国民から保険料を集めようというのは狡猾《こうかつ》な官僚の『一石三鳥』でしかないと思います。ちなみに一石三鳥の一つ目は、企業や個人から保険料を徴収し、これまで以上に潤沢な資金を手に入れられること。そして二つ目は、集めた資金を自治体に配ることで利権の強化ができること。さらに三つ目は、関連の団体をたくさんつくることで、〝天下り先〟を確保できることです。

現在、家計から徴収されている社会保険料は会社員で収入の一割以上。しかも、この保険料は毎年上がることが決まっています。

日本人は〝お人よし〟ですから、『増税』と聞くと拒否反応を示しますが、『保険料』は仕方ないと思いがちです。しかし、家計からお金を徴収する点は同じです。そう、保険料が毎年上がるということは毎年増税されるということなのです。消費税にはノーでも、保険料なら仕方ないと思う国民の意識を逆手にとっているのです。あの蓮舫大臣が十月から『事業仕分け第三弾』として特別会計にメスを入れるということですが、そんな意気込みをせせら笑うかのような計画です。さいわい国会がねじれたことで、こうした計画は〝風前の灯〟になってきましたが、この先、こういった仰天プランが手を替え品を替えて、出されてくるということをお忘れなく！」

保険という名の税金である。六十五歳になったとたん、ピンク色の介護保険証が送られてきた。健康保険代とこの介護保険料が年金から強制的に引かれて、その金額、年金の一割以上である。

年寄りも介護を受けなくても何十年も保険という名目で死ぬまでちゃんと税を取られ続けている。介護を受けたくても九十歳になっても受けられず、何もかも一人でやっているお年寄りは我が町にはごまんといる。ほんとに足が不自由で介護を、せめて支援を受けたい人が、調査員が来た時にお茶を入れてあげた。その人にお茶を出したばっかりに、「あ、大丈夫ですね」とハネられた人が近所にいる。

我が町は、介護とか支援とかまず受けられないと皆覚悟している。すべての人が介護保険料も、七十五歳の後期高齢者料金も年金から強制的に引かれている。何が若者に年寄りが負担を強いているかだ。冗談ではない。何十年も年寄りは保険料という税金を払い続け、死ぬまで払うのだ。若者が年寄りを負担するだと？　年寄りから保険という名の税金を取り、六十五歳からのこの保険料や、後期高齢者が年金から強制的に引かれるこの保険料をなくしてから言うもんだ。

見るに見かねて機械につながれ、助かる見込みのない患者の延命装置をはずした医師は殺人罪で逮捕され、刑務所にぶち込まれる。家族の者がかわいそうで見ておれず、医師に延命装置をはずしてくれと頼み、家族の目の前でそれをはずして患者が死ぬと、自分たちは頼んでいない、医者が勝手にはずしたと訴え、この医者は殺人罪で逮捕された。

汚い人間が多すぎる。助かる見込みのない者に延命装置をつけまくって、苦しむだけ苦しめておきながら、これを医者がはずすと今なお殺人罪で逮捕される。そうしておきながら医療費がかかる、年寄りばかりが増えすぎて医療費がかかり、少子化で年寄りの医療費を払う者がいなくなるから増税というと国民が拒否するから保険という名目でむしり取ろうと手ぐすねを引く。

その前に機械をはずせ！　延命装置をはずし、一刻も早く本人を楽にしてやれ！　彼らは機械につながれ苦しんでいる。身内なら見てはおれない状態である。愛ある人間ならば、こんなむごいことはしない。文句を言う前に、保険という名の税を取る前に、少子化のせいにしたり、年寄りのせいにせず、延命装置をはずせ！

誰がこんな悪魔ばかりの世の中に生まれてきて幸福なものか。少子化結構、生まれてこない方が幸せだ。太平洋戦争の時の軍と同じである。

人を人とも思わない、人間を人間とも思わない。死のうが飢えようが機械につながれ苦しみの極限にあろうが知ったこっちゃない。まさに生きて帰るな、捕虜になるなら自分で死ね！　飢えと病気で死んで往った、捕虜になる前に自決した、国民や若い兵士たちに自殺用の手りゅう弾を配る悪魔の人間。人間の姿をした悪魔。あの当時と何ら変わらない。

アフガン戦争で、ブッシュはオサマ・ビンラディンを殺すつもりはなかった

「だれも神を見た者はいないが、私たちが互いに愛するなら、神は私たちの中に住まわれ、その愛も私たちの中に完成される。私たちが神にとどまり神が私たちにとどまられることは、神が御自分の霊に私たちをあずからせ給うたことによって分かる。——私たちは神の愛を知り、それを信じた。神は愛である。（中略）

私たちが（霊なる神を）愛するのは、神が先に私たちを愛し給うたからである。――偶像を警戒せよ。神を見た者は誰もいない（神は霊だからである）」（ヨハネの第一の手紙第4章12・16・19・21節より）

「神から生まれた者は罪を犯さない。神の種（遺伝子、DNA）がその人の内に留まり、その人は神から生まれた者であるから罪を犯すことができないのである。これによって、神の子と悪魔の子を区別することができる。正義を行わぬ人は、兄弟を愛さぬ人と同様に神からの者ではない」（同前　第4章9節より）

（　　）内と、、、、（傍点）は私が付けた。

ヨハネと私がまったく別のことを言うならば、それはにせ者である。にせイエス・キリストの弟子である。ヨハネの言うことと私の言うことは、一点の違うところもない。

「そのとき大地震が起こり、町の十分の一は破壊され、この地震のために七千人が死んだ。（中略）第二の災難は過ぎ去った。第三の災難は速やかに来るであろう」（ヨハネの黙示録

第11章13・14節より）

「第七の天使がらっぱを吹いた。天に騒がしい声が聞こえ（中略）『今はあなたの怒りの時です。今こそ死者を審《さば》かれる時、（死者を、霊体を裁けるのは霊なる神のみ）、あなたの下僕《しもべ》である預言者、聖人たち、あなたの御名を恐れる小さな者、大きな者に報いを与えられる時、また、地を腐《くさ》らせる者を亡ぼされる時です』

そうして天では神の神殿が開け、その中に契約の櫃《ひつ》が見え、稲妻、声、雷、地震が起こり、激しく雹《ひょう》が降った」（同前　第11章15・18・19節より）

「そうして天に戦いが始まった。ミカエルとその使いたちは竜と戦い、竜とその使いたちも戦ったが、しかし竜は負けて、天に彼らのいるところがなくなった。大きな竜、すなわち、悪魔またはサタンと呼ばれ、全世界を迷わすあの昔の蛇は、地上に倒され、その使いたちも共に倒された。そのとき、私は天にとどろく声を聞いた。（中略）

だから、天とそこに住む者たちは喜べ。しかし地と海は呪われた。悪魔が自分の時の短さを知り、大いに怒っておまえたちに向けて下ったからである」（同前　第12章7・12節

より）

「大きな驚くべき他のしるしを私は天に見た。それは七つの災害をもつ七位の天使であった。これが最後の災害である。これによって、神の御怒りが遂げられるからである」（同前　第15章1節より）

「私は神殿から大きな声が出て七位の天使に『神の怒りの七つの盃を地上に注ぎに行け！』というのを聞いた。第一の天使が行ってその盃を地上に注いだ。すると獣のしるしをもちその像を礼拝する人々に、苦しい悪性の腫物ができた。第二の天使がその盃を海に注ぐと、海は死者の血のようになり、海の生き物はみんな死んでしまった」（同前　第16章1節より）

「第四の天使がその盃を太陽に注ぐと、太陽は熱で人間を焼くことを許された。こうして人間は非常な熱に焼かれた。彼らは災害を思いのままに使う神の御名を冒瀆《ぼうとく》し、改心して神に光栄を帰そうとしなかった。

第六の天使がその盃を大いなるユーフラテス川に注ぐと、東から来る王たちの道を準備するためにその水は涸《か》れた」(同前　第16章8・12節より)

「さて三つの霊は、ヘブライ語でハル・マゲドンと言われる所に王たちを集めた」(同前　第16章16節より)

「それから、稲妻、声、雷鳴が起こり、大きな地震があった。地上に人間が住んで以来これほどの大地震が起こったことはなかった。大きな町は三つに裂かれ、異邦人の町々は倒れた。そして神はその御怒りのぶどう酒の盃を授けるために人バビロンを思い出された。すべての島は逃げ、山はもう見えなかった。そして一タレントほどの重さの雹《ひょう》が天から人々の上に降り、人々は雹の災害のために神を冒瀆した。その災害が非常に大きかったからである」(同前　第16章18節より)

黙示録のヨハネの終わりはまだ続く。この後の続きは私が書く。

ヨハネの言葉は、「こうして古い天と地は過ぎ去り、新しい天と地を私は見た。古い天と地にはもう海もない。新しい天と地は、そこは水晶色に輝いていた。そこには神殿はない」と最後に続く。

黙示録のヨハネの二千年前の、二千年後の預言である。新しい天と地の証明を、このヨハネがしてくれる。その前にもう少し私は語らねばならないことがある。

二〇一〇年九月三日現在、熱中症での死亡者数、四百七十五人とニュースが伝えている。百数十年ぶり、暑さを記録し始めてから初めての異常な暑さとのことであり、衰える気配がない。雹が降る現象は、最近では日本でも、世界各地でもよくみられ、「第四の天使がその盃を太陽に注ぐと、太陽は熱で人間を焼くことを許された。こうして人間は非常な熱に焼かれた」という二千年前の黙示録のヨハネの預言が急に現実味を帯びてきた。他の預言もすべて的中する。

「苦しい悪性の腫物《しゅもつ》」「海の生き物はすべて死ぬ」「すべての島は逃げ、山はもうない」「そこには海ももうない」

これらの預言はすべて的中する。二千年も前にヨハネも現代を預言した。イエスと同様に。私も頑張って預言しなければならない。ある意味恐ろしい預言を。すべてが終わった時、霊なる神の種、霊なる神に愛された者にとっては歓喜の幸福の預言を。

そこに至るまでの道は苦しい。死者をうらやむほどの苦難と苦しみが待ちかまえている。私が何度も「耐えて、耐えて、もう耐えられないと思うところをさらに耐えて、死んでも耐えてくださいよ」というゆえんである。

急に終わりが近づいたような気がする。ゆるやかだったものが、急激に早まってきたような気がする。どうかこの原稿が本になり、一刻も早く多くの人々の手に届くことを私は真に願っている。

偶像を廃し、人々が「霊なる神」に立ち返るように。神は〝愛〟であるから、愛なき人間はすべて抹消されることを。霊体を殺せる神がいま、選別の目をもって人類を見ておられることを。

私には伝える義務がある。役目がある。そのために生まれてきた。在りて在る者、〝霊なる神〟の言葉を全世界の人々に伝えるために。信じる者、信じない者を区別するために。

焦ってはいけないが、内心焦っている。三十二年間を無駄にしてはいけないと。一人でも多くの人を救うのが自分の役目だと。終わりが急速に近づいてきたことを身体で感じる。

昔々、アブラムという人がいた。旧約の時代である。彼は神からアブラハムと名乗りなさいと言われ、アブラハムと名乗るようになった。「私はあなたに子供を授ける」と神は言われたが、アブラハムと妻サラとの間にいつまで経っても子供ができなかった。

年老いるまで二人は待ったが、子供ができなかったため、妻サラは若く美しい自分の召使いを夫アブラハムに差し出し、「どうかこの娘との間に子供を作ってください。私たちも年老いてしまいました」と召使いの娘との間に子供を作ってくれるようアブラハムに頼んだ。

若く美しい召使いはアブラハムの子を産んだ。アブラハムと召使いの子であるその男の子はイシュマイル（イシマエル）と名づけられた。そうこうしている間に、妻サラがみごもり男の子を産んだ。人類の祖と呼ばれている（本当はもっとずっと以前から人類は存在したからアブラハムが人類の祖ではないが、信仰深き人という意味で人々がそう呼ぶのだろう）。

その信仰深きアブラハムでさえ、神の約束を待ち切れなかった。神が与えると約束した通り、長い時間はかかったが、妻サラは男の子を産んだ。アブラハムはこの妻サラとの子、イサクと名づけた男の子を溺愛した。

並の可愛がりようではない。年老いてから生まれた子であり、妻サラとの子でもあるイサクを盲目的に愛した。二人が大人になり、アブラハムは「あなたはこの国の人々とこの国を治める人となりなさい」「あなたはこちらの国の人々とこれらの国を治める人となりなさい」と言った。二人は父アブラハムに言われた通り、その国へ行き、その国を治める人となった。

イスラムとキリスト教の対立は、もともとはアブラハムの実の息子と、アブラハムと召使いの子供との対立である。召使いの子イシュマイル（イシマエルとも発音する）は今のイスラム教を確立し、イサクは現代のキリスト教を確立する。時代の流れと共に現代のイスラム教とキリスト教というはっきりとした宗教として確立した。

この二人が生まれた時代は、旧約の時代、人間がまだ五百歳とか六百歳とか、八百歳とかいう年齢を生きていた時代のことである。

そして現代。若く美しい召使いとアブラハムの子、イシュマイル（イシマエル）と、アブラハムと妻サラとの子イサクとの戦いが始まり、現在も続いている。アメリカを目のかたきにして憎むイスラムはアブラハムと召使いの子であるイシュマイル（イシマエル）であり、それに応戦するのはアブラハムと妻サラとの子イサクである。つまり、イスラムとキリスト教の対立、戦争は、はるか昔々の出来事の現代における再来であり、当初からイサクに対する憎しみ、召使いの子というひがみ、溺愛されるイサクに比べ自分はまったく可愛がってもらえないイシュマイルの悔しさ、はがゆさ、憎しみ。それが現代で爆発したというわけである。

イスラムとキリスト教で今世界はメチャクチャになっているが、そこは何といっても異母兄弟である。イスラムがアメリカに九・一一テロで六千人もの死者を出したにもかかわらず、ブッシュは全飛行場が閉鎖され一般市民が身動きとれずにいる中、アメリカに留学していた十数名のオサマ・ビンラディンの親族を、政府専用ジェット機でいち早く逃がしている。

アフガン攻撃もしたが、そこは何といっても異母兄弟である。オサマ・ビンラディンを捕らえ、殺すという目的でアフガン戦争をしたが、ブッシュには殺すつもりなど最初からなかった。イラクに比べ、なぜアフガン戦争はあんなにちゃちな戦争だったのか、九・一一でアメリカ国民は怒ってやっつけろ！　と言っているのになぜあんなにアフガン戦争はちゃちな戦争だったのか、と誰かが言っていた。

オサマ・ビンラディンを捕らえたり殺したりするつもりは毛頭なく、最初から殺すつもりのない戦争だからである。異母兄弟だからである。彼らがアブラハムの時代のことを知るよしもないが、深層心理の中にそれがあるのである。

アフガンの軍部が、オサマ・ビンラディンが確かにそこにいると見て、そこまで皆で追いつめ、そこを空爆してくれと必死で頼んだが、ブッシュが止めろと言ったとテレビで言っていた。オサマ・ビンラディンを捕らえるか、殺すかしに自分たちはアフガンまで来ているのに、どうなっているのか、さっぱりわけがわからなかったと元軍部の者がテレビで言っていた。

アブラハム・リンカーンや、当時の妻サラという名前はアメリカでは日本の花子のように今も多く、〝サラ〟が使われている。一方、イスラムの中には召使いの子、イシュマイル（イシマエルとも発音）、この名前の人たちがこの現代でも日本の〝太郎〟のように大勢いる。アメリカでイシュマイル（イシマエル）を使う人はほとんどいないし、イスラムでアブラハムやサラを使う人は少ない。

イスラム教とキリスト教の現代の争いは、アブラハムの正妻と召使いとの子供の異母兄弟の争いである。

この十年近く続いた（ベトナム戦争より長いという）テロとの戦いは、主役は引っこみ、ビンラディンは死んでなどいず、病気でもなくピンピンして今も生きているが、主役同士の戦いの時は終わり、もはや手のつけられなくなった残党があちこちでテロを引き起こしている。

もはやトップであったビンラディンの力はなく、彼らに指示《さしず》したり、指揮したりする力はもはや失せている。いつの時代も戦いのトップの力は失せ、血気はやる者たちが勝手に動き回り、暗躍する。もはや次の段階に入った。アメリカは一番に核攻撃を受ける。原子爆弾の恐怖を知らない者の手によって。

創造の始めからどれほど人間が悪いことをしてきても神は殺さなかった

テレビでまた葛飾北斎のあの絵を見た。正面右に豆つぶのように小さな富士山。左手に悪魔の顔のように見える巨大な恐ろしい波。なぜこのように極端な大きさに描いたのか。予知夢を見るようになるまでは私にはわからなかった。が、今はこの絵の意味がよくわかる。

創造の始めからどれほど人間が悪いことをしてきても神は殺さなかった

すべてがのみ込まれる。富士山でさえ消え失せる。黙示録のヨハネの「すべての島は逃げ、山はもうない」である。最後に荒れ狂う水、水、水……レオナルド・ダ・ヴィンチも最後にはその絵しか描いていない。山のような高さの水が音もなく静かにすべての建物をのみ込みながら、ある日突然目の前に迫ってくる。もはや逃れられる者は誰一人もいない。これを最後に私の予知夢は終わった。

神のしるしをつけられた者の数を聞くと、ヨハネは、十四万四千人という声を聞いた。十四万四千人に満たないから、いまだ霊なる神は待たれているのである。一人でも多く救おうと。

かつてルシファーは天使であったが、いつまで経っても姿を顕さない霊なる神に代わって自分が神となり、そこに住む天使たちを支配しようとした。彼の中にそうした一点の曇りが生じたことによって彼はその世界にいられなくなり、堕天使と呼ばれるようになった。ありとあらゆる人間を操り、神となった彼は、悪の限りを尽くして人間を操って今日まで来た。

霊なる神が決して姿を顕さず、人間を使うように、ルシファーもまた、決して姿を顕したことはない。いつの世も人間を使い、人間を操り、人間をしもべとした。

自分を霊なる神に似せ、自分が人間を支配する神であった。その欲求はとどまるところを知らず、神業のごときことを人間に成させた。ルシファーに操られた人間は、我も我もと神になりたがり、遺伝子を操作したり、人間が人間を創り出してみたり、人間の臓器をあちこち移してみたりしている。

何せ自ら神となりたがったルシファーとそのしもべたちには、霊体の存在など知ったこっちゃない、我こそは神だ、我こそは神だと、神は死んだ、神などいない、我々こそが、人間こそが神だとして人類を滅亡させる兵器を造り、小躍りして喜び、神になった気分になり、全世界を支配した気分になっている。

大魔王であるルシファーに操られ続けてきた人間の姿であるが、神になりたがる人間というのは、一見誰もできないことをやり、確かに神わざ、神のように見えるが、必ず抜けている。はっきり、正直にいって馬鹿まる出しなのである。

神になりたがる傲慢人間というものは、よく見ていると馬鹿で愚かで能なしで、実にこっけいな人間たちである。そもそも自分たちが目には見えない霊なる神によって創られていることさえ知らないのである。神は死んだ、神はいないならば、人間も動物も植物も存在しない。そんな幼稚園児でもわかることがわからないのである。だから馬鹿で愚かで能なしと呼ぶほかない。

この一度も姿を顕したことのない魔王ルシファーとそれに連なるしもべのすべての人間が、霊なる神によって一人残らず消される。火の釜や火の池にこれらすべての人間が投げ込まれ、霊体もろとも焼き払われる。

一点の曇りもない者のみが、目には見えない霊なる神、天地創造の神、宇宙を創りたまいし霊なる神、それを信じる者のみが、新しい天と地へ往く。魔王ルシファーをはじめ、それに連なるすべての者が霊なる神によって焼き払われ消されることを〝第二の死〟という。肉体の死は死ではない。霊体の消滅こそが第二の死であり、これを行えるのは「霊なる神」のほかにいない。

人間を自分の霊と光とで創られた霊なる神のほか、人間の霊魂を消滅させられる者はいない。人間は一度も殺されたことはない。霊体となって億々万劫という長い時を、輪廻を繰り返しながら生き続けてきた。

太陽も月も地球も創られた始めは水晶でできた美しい惑星であった。人間が愛を失くし始めた時、神は人間に肉体を与えられた。肉体を持って愛を学び、愛を呼び戻すためである。

子供を産み、子供を愛し慈しみ、人間が愛を取り戻すため、肉体を与えられた。かつては地球に海などなかった。肉体を持った人間が生きていくために、神は地球に海を創られた。漁をして、私たち人間が飢えることのないように、地球上の七〇％に海を創り、そこにさまざまな種類の魚を泳がされた。人間が決して飢えて死ぬことのないように。

兄弟星でありながら、太陽と月には海などない。地球に住む人間のために、月は闇夜を照らし、太陽は地球のすべての万物を育てるために日を照らし続けた。億々万劫というとてつもない長い時を。そこに神の愛を感じないだろうか。霊なる神の、人間や動物や植物や万物への大いなる愛を、偉大なる神の愛を感じないだろうか。今まで創造の始めからどれほど人間が悪いことをしてきても殺さなかった。生かし続けられた神の大きな愛を感じないだろうか。

「神は霊」「神は愛」。私は神の人間に対する大いなる愛を感じる。人間のために、〝愛〟と〝慈悲〟を人間に説くために、釈迦やイエス・キリストをこの世に送られた神の大いなる愛を感じる。

イエス・キリストの再臨まで二千年。二千年もこの人間のために待たれた神の、大いなる愛を感じる。今も人間のために、改心を待たれる神の愛を感じる。

霊なる神の創造であるすべての惑星は水晶で創られている。夜空の星々が美しい光を放つのは、すべてが水晶で創られているからである。かつては三つの兄弟星、今は太陽と月と地球と呼ばれているが、名もなき三つの兄弟星は水晶で創られた水晶色に輝く美しい星であった。

そこには神に愛された天使たちが住んでいた。悩みも苦しみも嘆きも病もない、死もない歓喜に包まれて、水晶色に美しく輝く世界で、愛に包まれ、天使と呼ぶ兄弟が住んでいた。

ノアの時代、地球上のすべてがのみ込まれノア一族とたくさんの動物のつがい、そして七年の歳月をかけて近く大洪水が来ると訴え、それを信じた数名の者だけが助かった、というおとぎ話ではない本当に地球で起きた出来事があった。神に教えられた通りの船、巨大な船をせっせと造るノアやその息子たちを人々はせせら笑っていた。ノア一族は、自分たちだけが助かろうとしたわけではない。七年間人々に、近く大洪水が来ることを懸命に人々に訴え、知らせた。が、誰も信じなかった。数名を除いては。

ノアは「霊なる神」、目には見えない神から教えられたのであった。教えられたのはノア一族だけではなく、霊なる神と同様に、決して姿を顕さないルシファーによって、近く大洪水が来るから逃げる準備をするように、と教えられた者たちがいた。

すべてが水でおおわれ、ノア一族とつがいの動物たちを乗せた巨大箱舟はアララト山の頂上に止まった。ルシファーに教えられその時が来ることを知っていた連中は、巨大宇宙船に乗り、いち早く逃げ出した。彼らは巨大宇宙船の中から、地球のあまりの惨状に、すべてが水におおわれ、建物も何もかも水底に沈み、水以外何も見えない地球のあまりの惨状に、宇宙船の中からガタガタと震えながらそれを見ていた。

霊なる神の言われた通り、食料も水も、数ヶ月を過ごせる巨大箱舟に用意していたノア一族を信じた者数名、それに幾種類ものつがいの動物たちは助かった。数ヶ月が経ち、ノアは箱舟の中から鳩を外に放した。すると鳩はオリーブの実をくわえて戻ってきた。水が引いたことを知ったノアたちは泥土と化した山を下りた。

何もなくなった地球に、さまざまな木々や、果物の木や、動植物を運び植えたのは昴星《すばる》人、つまりプレアデス星人たちである。巨大宇宙船に乗り、自分の星から地球に必要なものを運び、地球再生をしたのはプレアデス星人たちである。昴星人、プレアデス星人は今も地球にたくさんいるが、当時とは事情がまったく違う理由でいる。

プレアデスと呼ばれる、地球よりももっと高度に発達しすぎた星は、大魔王、ルシファーにやられてしまった人間の住むその星は、地球よりもっと危険な星となってしまい、それと同時に、自分たちの星がこの地球の行く末にすべてかかっていることを知っているから、地球が消滅すれば自分たちの星も消滅するから、のんびり遊びに来ているわけではない。地球の消滅イコール、太陽と月、この兄弟星の消滅であり、太陽・月・地球の消滅イコール、自分たちの星を含む、銀河の惑星の消滅であることをプレアデス星人たちは知っている。

ずっと前からこの地球の行く末を案じ、もはや手が付けられなくなった自分たちの惑星を嘆き、すべてがこの地球次第であることを知る彼らは、非常な危機感を持ってこの地球の情報を知るために今も地球にいる。太陽系銀河の危機なのである。

太陽が壊れれば、月も地球も必ず消滅する。この三つは兄弟星である。どれか一つが壊れれば、銀河の惑星を道づれに、三個共消え去る。なぜ銀河惑星が燃えつき消滅しなければならないかというと、ルシファーのしもべたちが、数え切れない悪を成す人間が、自分の惑星と地球とを往復しながら今日まで、地球の人間をワヤ（だめ）にするまで悪行を働いてきた連中が住む惑星が、銀河の中にゴマンとあるのである。

地球人の知らないそんな惑星がたくさん存在する。ルシファーを含め、それら惑星に住む連中もろとも、一人残らず悪を働く連中を消し去るのが今回の〝霊なる神〟の計画であり、最後の審判の意味であり、イエス・キリストの再臨の動機である。

我々人間にとってはえらいことであるが〝霊なる神〟やイエス・キリストにとってはどうということはない。本当にどうということはないのである。手のひらに乗せた砂を、ふっと一吹きするようなものである。

何しろ、夜空一面に美しく輝くあの無数の星々も、太陽や月や地球や人間や動植物や、あらゆるすべての物を創りたもうた〝霊なる神〟である。あなたたちは〝愛〟を失くし始めた。では肉体を授けるからそれによって愛を学びなさい。

肉体を持つならば食べ物が必要だろう。空気も水も日の光も必要だろう。そんなものは必要のなかった世界であるが、あなたたちが飢えることのないように、広く大きな海を創り、あなたたちが決して飢えることのないように、そこに多くの種類の魚を泳がせよう。海がある限り、あなた方が飢えることはない。肉体を持ち、愛を学ぶ者となりなさい。

霊なる神に不可能はなく、霊なる神は殺すお方ではなく生かすお方である。しかしここへ来て、あまりにひどいぞ、目に余るぞよ、何たる人間の集団と成り果てたことか。神の世界は、「真」と「善」と「美」の世界ぞよ。目に余るこれらを私は一掃しよう。長い長い間私は待ったぞよ。汚いものや愛のないものは私の世界にはなく、私の世界にふさわしくない。

現実界も霊界もこの醜さは何たることぞ。霊界は現実界のように隠しおおせぬものだから醜悪な顔をした者ばかりとなり、悪臭《あくしゅう》を放ってもはや耐えられぬ状態ぞよ。霊界もろとも一掃するから覚悟しておけよ。

改心の時は十分与えた。人類よ、覚悟の時ぞ。美しい世界に私は戻す。等最初に戻るのじゃ。真、善、美、が私の世界じゃ。この汚れようはもはや我慢の限界じゃ。人間よ、覚悟せよ。

ノアの大洪水の時、ルシファーに教えられ、近く大洪水が来ることをルシファーに操られ、ルシファーのしもべであった者たちは知っていた。ノアたちが霊なる神にそれを教えられ巨大箱舟を造り助かったように、彼らもルシファーから教えられ、大洪水が来ることを知っていて、いち早く巨大宇宙船に乗り逃げ出し、助かった。彼らは一時、自分たちの惑星へ帰っていった。それからも何度も彼らは地球へやってきている。結果的にプレアデス同様、彼らのおかげで、彼らに操られた人間たちのおかげで地球はワヤになった。もはやこれ以上は許さないと霊なる神の怒りを買うはめとなった。

「霊なる神」について語る者として、私はプロ

霊なる神から〝新しい天と地〟ができたことを知らされると同様、ルシファーによって、もうすぐ太陽も月も地球も消滅することをルシファーのしもべたちも知らされた。霊なる神のごときルシファーにはそれぐらいの力はある。天地創造も、霊と光とで人間を創ることも、肉体を創ることなど一切できはしないが、その代わり、遺伝子を操作してクローン動物やクローン人間を創ったり、臓器の一つも創り出せない代わりに、それを人間から人間へと移し変えたり、移植と称して臓器を取り出し他の人間に移すという一見神業のようなことをして霊なる神に対抗している。

どのように神と対抗しようが、まるで神業に見えようが、彼らは抜けている。目玉の一個もすね毛の一本も、爪の一個さえ彼らには創りえないのである。そもそも自分たち自身が、霊なる神の霊と光とで創られた者ということさえわかってはいない。傲慢人間イコール、馬鹿、無知、無能、阿呆人間である。愚民には十分それで自分たちの偉大さ、すばらしさ、神としての存在をアピールし、誇示できるから彼らの満足度は大である。

彼らは愚民にとっての神である。愚民もろともルシファーは、自分が神に裁かれるか、霊なる神が勝つか、自分と自分に連なる者が勝利するか、いよいよ霊なる神との対決を強め、地球上の善人を、神の愛する者を皆殺しにする勢いで、殺りくを繰り返している。もはや子供や女や一般市民や、それらの区別はなく、ルシファーが最後のあがきで神と対決しているため、操られた人間たちは狂ったように人間を虐殺し、殺すために自爆までしている。もはや狂っているとしかいいようがない。

神と悪魔の、大魔王ルシファーとの戦いであり、もはや住むべき場所も命もなくなるやもしれぬルシファーの最後のあがきであり、それに連なる者たちの残虐きわまるあがきの行為である。

悪魔のしもべたちは、新しい天と地が創造されたことを知っている。もはや地球から逃げ出し、新しい天と地へ往く他、生き残る道はないことを知っている。宇宙開発の名の下に、彼らは新しい天と地がどこにあるのか、ずっと捜し続けている。探査とは、「さぐる」「さがす」「たずね求める」「しらべる」「細かく調べて明らかにする」と辞典には書いてある。

アメリカが探査機をずっと以前から飛ばし続けているのは、「新しい天と地」がどこにあるのか「さぐる」「さがす」「しらべる」ためである。つまり、ちょうどノアの大洪水が近く来ることを、彼らもルシファーから教えられ、逃げ出したと同じように、ルシファーから教えられた彼らは、新しい天と地ができたことを教えられた。

他の人間はどうでもいい、その新しい天と地を捜さねば、そこより他に住める場所はない。探査機を打ち上げ、それがどこにあるのか何としても捜し出さねば。チャレンジャーが大爆発し、宇宙飛行士たちが空のもくずと消えようが、そんなこと知ったこっちゃない。莫大な金を国民からむしり取ってやることだから、愚民にはパフォーマンスを見せればいい。宇宙はすばらしい、と。月へ行ったふりをして（言っておくが、生身の人間が月へなどは決して行けない）あなた方も近々宇宙旅行ができますよ、と言えば愚民は喜び、拍手喝采をして、むしり取られた金のことなど忘れてしまう。

探査機を打ち上げ続け、新しい天と地を捜し続けているが、いまだそこを見つけ出していない。愚民は何も知らないのである。宇宙開発の真の目的が、ルシファーのしもべたちが、この地球を捨て、自分たちだけが助かるために必死でそこを捜しているのだということを（アメリカには地球脱出用の巨大宇宙船が、もうすでにできている）。宇宙開発だとか宇宙飛行士と聞くだけで私は拒絶反応が起きる。名誉欲なのか、目立ちたがりの極致なのか。拍手喝采する愚民を見る度しらけ、「人間の祖先は猿」を思い出してしまう。

彼らがそこを見出すことはない。どれだけ長く探査機を飛ばし、必死で捜し出そうとしても、彼らがそこを見出すことは決してない。


思えば私が霊なる神の存在をはっきりと認識したのは五歳の頃であった。姉が小学校へ行くようになると、ジャックと名づけた犬（叔父が買ってきてくれた『ジャックと豆の木』の本から採って私が名づけた）、たまという名の猫、祖父がお寺さんからもらってきてくれた生まれたばかりの小さな二匹のウサギ、祖父が私たちにミルクを飲ませるために飼っていた山羊。

ニワトリ、これらの動物たちと飽きず遊び、その他は、一人大きな河の土手に寝っころがり、空の雲を日がな一日飽きず眺めて過ごした。高い建物のない空はどこまでも広く雄大で、手を伸ばせば届くような近くに雲があった。雲が姿を変えていくのを眺めるのは子供心にワクワクする喜びであり、楽しみであり、毎日私は土手に一人寝っころがり、両腕を枕にして空ばかり眺めていた。

夜は夜でバンコと呼ばれる外に置かれた大型テーブルの上に一人寝っころがり、果てしもなく拡がる無数の星々を眺めるのが五歳の頃の私の日課であった。美しい無数の光り輝く星々は、手を伸ばせば届きそうな、すぐ目の前に、どこまでも果てしなく美しく夜空に輝いていた。

毎日、昼も夜も空を眺め、私は飽くことを知らなかった。大人たちはそれぞれ忙しく、私にかまう者などいなかった。私は存分に昼と夜の空を満喫し、そして子供心に確信していた。人間以外にあれを創った人がいるのだと。人間以外に、あの美しいものを創れる者はいない、と。それを私は神様と名づけたが、私の周りに誰も神様という言葉を口にした者はなく、教えられたことなど一度もなく、どこから神様という名を導き出したのかは自分でも今もってわからない。

神様と名づけたあの美しい果てしもない創造主に、毎晩手を合わせ、寝る前に「神さまお休みなさい。お父さんお休みなさい」と祈ったが、ちょうどその頃ビルマに戦争に行っていて知らないおじさんが大きな箱にうやうやしく人間のひからびた指が一本入ったものを持ってきて、「誰の者だかわかったものじゃない！」と母と祖母が吐き捨てるように言って、子供心に、ビルマに行って、もう叔父さんは死んで帰ってこないのだ、と知った私は、神さまと一歳の時亡くなった父とそれにビルマのおじさん（二十七歳で、私は顔を知らない）がその日から一人加わった。「お休みなさい」毎晩ただそれだけである。

私は五歳の時から、天地創造の神が、何か人間が願いごとをする相手の神ではないことを知っていた。星に願いごとをしたことも一度もない。神様に願いごとをしたこともこれまで一度たりともない。この神様が、願いごとをする神様ではないことを、私は五歳の時から知っていた。

何が言いたいのか。プロというものは何でも小さい時からやる。大人になって始めてもプロフェッショナルにはなれない。幼い時からたたき込まれ、それを一筋に頑張った者がプロと呼ばれる者たちである。テニスもゴルフも歌舞伎役者も卓球もピアニストもすべてのプロと呼ばれる人たちは三歳とか四、五歳から始めている。

十歳の時からピアノを始め、日本全国三十名の中に入り、西日本地区から合格したのは私一人だけであった。国立音楽大学ピアノ科合格者の新聞の切り抜きを、母はつい最近まで大事にしまっていた。

しかし、その道一筋で頑張ってきたピアノではなく、霊なる神の存在を語ることこそが私の本来の姿であったと今になって思う。

高校三年まで「神様、お父さん、ビルマのおじさんお休みなさい」は一日も欠かさず続いた。国立音大ピアノ科に合格し、東京へ行き、そんなもの一気にどこかへ吹き飛んだ。私はすぐさま東京の人になった。音高から来た者たちは皆やさしく親切で、大学に慣れない私を手取り足取りで皆世話をやいてくれた。そして外部から合格した私に一目も二目も置いてくれた。

東京の子たちとしか付き合わず、私はすぐに彼女たちの中にとけ込み、まったく東京の人になった。誰も私を田舎から来たてのホヤホヤと見る者はいなかった。美しくはなやかな東京の学生同様、私も東京出身の東京人となり、「神様、お父さん、ビルマのおじさんお休みなさい」などはクソくらえとばかりに、どこかへ吹っ飛んだ。夢と希望と美しい学生に囲まれ、大学生活を満喫した。六本木族ともみゆき族とも呼ばれた。

自由であった。これほどの自由と解放感を味わったことはなかった。

二十八歳の時である。引き戻されたのは。引き戻されたことに気づかず、さらに引き戻されたのはそれから三年後、三十一歳の時である。完全に揺るぎなく、完璧なまでに立ち返らされたのはそれから二年後、三十三歳の時である。五歳の時、自分で見出した「霊なる神」に立ち返ったのである。

誰も信じてくれないから自分で言うのであるが、「霊なる神」について語る者として、私はプロである。誰にも負けないという自信がある。何せ、五歳の時自分で見出したのである。誰にも語ることのできないことを語れるという自信が私にはあり、霊なる神について語る、二十一世紀においてのプロだと自分で思っている。生まれた時からいま、この時期に、この内容で、このことを書かねばならない使命を、生まれた時から与えられて生まれてきた、と、今ではそう思っている。

時々、この三十二年はいったい何だったのか、と絶望に襲われる時があるが、それは私の成長を霊なる神が待たれていたのだと思う。人は一気に成長はしない。万物は一気に成長などしない。機が熟するには時が必要である。

いま、十分機が熟したことを、私は感じる。そして、何事もゆるやかであったものが、ここへ来て、ものすごい速さでスピードを上げてきたことを身体で感じる。どうかこの私の原稿が多くの人々の元に届くことを、手遅れになる前に本となり、多くの人々の元に届かんことをと切に切に祈っている。

正直言うと心がくじけそうになっている。一晩寝て朝起きると、いつものことであるが、一所懸命書いても、何を言っても駄目だろうな、という気持ちに支配され、憂鬱な気分になり、午前中は元気が出ない。振り払おうと頑張るが、その思いが頭をもたげてくる。三十二年という月・日は、凡夫の私にとって、頑張るとか、努力するとか、そういうことの度がすぎ、荷が重すぎるように思う。いろいろ自分なりに慰めの言葉を捜してみるが、朝のこの気分の悪さは変わらない。

そうは言ってもやり始めたからには最後まで頑張るほかない。鬱々とした気持ちを抱えながらでも。最後までやり通すほかない。

さまざまなことをつれづれなるままに書いてきたが、私の言いたいことをもう一度まとめてみよう。今人間にとって、最も大切なことである。人類にとって、今最も大切なことである。

まず、イエス・キリストがこの日本に再臨したこと。火と水の洗礼をもってこの地上に再び顕れたこと。キリストの再臨はどこの国であってもよいが、なぜかこの日本に再臨したこと。

日本はイスラエルであり、かつてのローマ兵が日本には多く駐留しており、ダビデはかつて昭和の時代に日本に存在し、その息子ソロモン一族は今も日本の聖なる場所に存在する。生まれ変わりの原理、輪廻の原理でそうなっている。ローマ帝国アメリカには皇帝ネロやネブカデネザルやその息子ベルシャザルらが再来し存在する。

現代はかつてのバビロンとバベルの塔のさらに巨大化したもので、「我、彼らを攻め、バビロンよりその名を遺《のこ》りたるもの（建物）を絶ち滅ぼし、その子、その孫をも絶ち滅ぼさん」と神が言われ、その通りになったように、巨大化した現代の超バビロンと超バベルの塔は、すべて霊なる神によって絶ち滅ぼされる。真の最後の審判が行われる。それは火と水によって起こる。

イエスは地上に平和を持ってきたのではなく、霊なる神の指令を持って、火と水で人間を、人類を裁くために来た。人類は、いま、裁きの前の動物に等しい。

「神は霊」であり、「神は愛」であり、この二つ以外の何ものでもない。

人間は、霊なる神のこの「霊」と「光」とで創られている。本来の姿は霊体であるが、億々万劫の昔から、古事記よりさらに昔からアダムとイブのさらに昔から、ノアやアブラハムよりさらに昔から「愛」を失い、「愛」を人間が忘れ始めたため、人間に肉体というものが与えられた。愛を人間が取り戻すために。そして今日に至る。

人間は愛を取り戻しただろうか。殺すことを止めたろうか。愛と慈悲を取り戻し、殺し合うことを止めたろうか。人の土地や国を占領し、これは我らのものだと奪い、殺し、支配し、二十一世紀のいま、人間は、人類はそのようなことはせず、愛を取り戻し、愛に立ち返ったろうか。殺し合う戦争を止めただろうか。

人間の愛は冷め、愛のかけらもなく殺し合うこの現代を、神は怒りを持って眺め、どれだけ長い間待っても愛を取り戻さない人間を、二千年前には、自分の愛するイエス・キリストを地上に遣わしたというのに、愛を教え、愛を説いただけの、悪いことの一つもしなかったイエス・キリストを無惨にも殺してしまうような人間を、もはや神は許されず、激しい怒りを持って滅ぼされる。もはやこれまで、と。

霊なる神の霊と光によって人間も万物も創られた。私たちの父、私たちの母は、霊なる神である。人間の真の親は霊なる神である。殺す者ではなく生かす者であるため、誰一人第二の死、霊体の死を味わった者はいない。延々と輪廻を繰り返し人間は生き続けてきた。誰一人死んだ者はいない。ここへ来て、神の怒りが第二の死を生む。霊体の消滅である。

霊体は火に投げ入れられ、火に焼かれ消滅する。人間は人間の肉体は殺せても霊体を殺すことはできない。霊体を殺せるお方は、ご自分の霊と光とで人間を創られた霊なる神、ただそのお方のみである。

偶像を礼拝する者を、もはや神は許されず、霊なる神を認識する者以外、すべての人間が裁かれる。どれだけ長い時を待たれたかを思えば、どれだけの愛する者を地上に送り続けてこられたかを思えば、イエスに水で洗礼を授けた霊なる神の愛する洗者ヨハネの首を切り落とし、その首を盆に乗せ、喜び踊る人間を見て、神は何と思われたか。十字架で殺されるイエスを見て何と思われたか。

霊なる神を認識する者以外、もはや神は許されず、それ以外の人間はすべて火で焼かれ殺される。神はいない。神はここにはいない。神は死んだ。神などはじめからいない。私は何も悪いことはしていない。これらの言葉は霊なる神の最も嫌う言葉である。


「霊なる神」について語る者として、私はプロ

肉体を持つ人間が殺生をしなければ生きてはいけないのに、魚の一匹も、肉の一片も生まれてこの方一度も口にしたことはないと言うのか。人はよく「私は何も悪いことはしていない」と言う。傲慢も、この言葉も神は大嫌いである。私もこの言葉を聞くと、とり肌が立つ。新しい天と地へ往く者は、地球上の中の人間のうち、十四万四千人である。あとはすべて消え去る。霊界ももうなくなる。

イエスが再臨したいま、前古《ぜんこ》未曾有の、かつて人類が始まって以来、誰も見たことのない大災害が地球を襲い、人類を襲う。

「その時まで耐え忍べ。その時まで自分の十字架を背負って歩け」とイエスは言った。

苦しみ多い人生を過ごしたのだから、私たちは新しい天と地へ往くべきである。あの美しい水晶色に輝く美しい世界へ。そこには死はない。そこで私たちは永遠に生きる。そこに死はない。夜もない。食べる必要もお金などない。権力者も支配者も王も、いじめる者も殺す者も死も争いもない。そこにあるのは愛と平和と歓喜であり、そこにいるのはすべて兄弟である。

どんな老人も赤ん坊も、そこへ行けば一瞬にして地球年齢十七、八、九の姿になる。そこに年齢などない。言葉もいらない。そこにいる者は天使と呼ばれるが、天使という言葉

「霊なる神」について語る者として、私はプロ

さえそこにはない。必要ない。光り輝くあの美しい世界。そこは水晶色に輝いている。苦悩も病も嘆きも悲しみも、そんなものは一切ない。あるのは歓喜、それだけである。そこは永遠の世界であり年を取らない。結婚もない。子供も産まない。死のない世界である。天使である兄弟だけが住む世界である。そこで永遠に生きる。平和と喜びと歓喜に包まれて。

苦しみ多い地球に生きたのだから、生、老、病、死、の苦を地球上の人間すべてが味わい、逃れることのできないこの苦を地上の人間すべてが平等に味わったのだから、これからも味わうのだから、すべての人が新しい天と地へ往けるようにと私は祈っている。

そこには三つの水晶で創られた惑星がある。

ちょうど、太陽と月と地球とに人々が住むようなものである。自然やさまざまなおとなしい草を食む動物たちや山や川がキラキラと輝いているが、建物はない。建造物など必要ない。三つの惑星を、そこに広がる宇宙を我がものとし、宇宙と銀河を我が住みかとし、永遠に生きるのである。地球上のすべての人々が往っても何ら狭いということはなく、むしろ広すぎるほど広い。

どうか霊なる神に立ち返ってほしい。愛を取り戻してほしい。愛と慈愛の人になってほ

しい。そこに住むこれが条件だから。

そうすれば私の役目も果たせる。三十二年間の苦労もふっ飛ぶ。どうかすべての人が新しい、霊なる神の創造の新しい天と地へ往けますように――。


明日は雨という曇った夜空に、一個だけ美しく星が輝いていた。星を見なくなってどれぐらいが経つだろう。下ばかり向いて暮らしていた。それにしてもどうして夜空に輝く星はかくも美しいのだろう。感動を覚えるのが夜空に輝く星だけ、というのも何だか我ながら淋しい気もするが。心底感動し、年がいもなく心がわくわくするのは、夜空に輝くあの得もいわれぬ美しい光を放つ星を見る時だけである。どれほどの宝石も、あの星の美しい輝きにはとうていかなわない。心底美しいと思う。美の世界である。

かつて創造の始め、この地球も太陽も月も、夜空の星々と同じように美しい光を放ち、輝いていた。太陽と月は今のような状態となり、地球ははるか遠くから見ると、だいだい色の弱々しい光を放ち、月ほどの輝きもなく、しかも今にも落ちそうに傾いている。あわれな三つの星となってしまった。

どうか霊なる神と共に歩まれんことを。モーゼがエジプトからイスラエルの民を連れ出し、四十年間荒野をさまよったが、空からマンナという食べ物が降ってきて、民が飢えることは決してなかった。

私も働きもせず、ただひたすら座り続け、書き続けただけであるが、霊なる神からマンナを与えられ、私が飢えて死ぬことはなかった。それどころか、「願わぬ先からあなたたちに必要なものを父は知っておられる」とイエスが言うように、必要なものすべてを与えられてきた。

姿を顕さない霊なる神も、そして同じようにルシファーも、人を使う。人を使って与えられ、良きものか、悪きものかは人それぞれに。

モーゼは年を取り、ヨシュアに民をまかせ、荒野にただ一人残る。「ヨシュアよ行け！カナンの地に向けて」。ヨシュアは民を率い、カナン（今のレバノン山、大河ユーフラテスのあたり）へ向けて出発する。荒野にただ一人モーゼは残り、荒野に朽ち果てる。

揺るぎない神への信仰がなかったならば、とても耐えられなかったろう。年老いたモーゼはもはや歩くことができなかった。

誰一人いない荒野に、モーゼは命尽きる時を待った。霊なる神と共に生きる者の、常に

「霊なる神」について語る者として、私はプロ

霊なる神と共にある者の強さである。揺るぎない信仰を持った者の姿である。

孤独にさいなまれる時、私はいつもモーゼを思い出す。荒野に一人朽ち果てたモーゼのことを思い出す。墓など葬儀など私にはおこがましい。ここは荒野ではないので、他人様の迷惑にならないよう、焼いてもらうだけでありがたい。

戦地で焼いても埋めてももらえず死体のまま誰からも見向きもされず、放置され死んで往った大勢の若者のことを考えると、焼いてもらえるだけ私は幸せ者であり、心底ありがたいと思う。


「最後の時には嘲《あざけ》りに満ちた嘲弄者が来て、自分の欲のままに生活するであろうことをあなたたちはまず心得よ。彼らは、『来臨の約束はどこへ行ったか。先祖たちが死んだのちも世の始めと同じく何事も変わっていない』と言う。古くから天があり、地は神の御言葉によって水から出、水によってできたことを、彼らはことさらに忘れようとする。そのときの世が水に覆《おお》われて亡びたのも同じ水によってである。

さて、今の天と地は神の同じ御言葉によって残し置かれ、審判と悪い人々の亡びの日まで、火で焼かれるために保たれている。愛する者よ、あなたたちはせめてこの一事を見過ごすな。主にとっては一日が千年のごとく、千年が一日のごとくであることを。ある人は主が遅いと考えているが、主はその約束の実行を遅らせるのではなく、一人の亡びも望まれないから、すべての人の悔い改めを望んであなたたちを長く忍ばれる。しかし、主の日は盗人のように（人々が安心している時に突然）来るであろう」（ペテロの第二の手紙第3章第3節より）

「その日、天は大音響と共に過ぎ去り、万物は焼け崩れ、地とその上にあるすべての業は焼けつきる。これらのものがみな崩れ去るのなら、あなたたちとしては生活と敬虔《けいけん》をいかに聖《きよ》く保たねばならぬであろうか。

天が燃え崩れ、万物がとける神の日を待ち、それを早めるようにせねばならぬ。だが私たちは、神の約束によって、正義の住む、新しい天と新しい地を待っている」（同前　第3章第10節より）

二千年前、ペテロが預言したその時が来たのである。新しい天と地はもうできた。

「すると死と冥府《よみ》は火の池に投げこまれた、火の池は第二の死（霊体の死、霊界の消滅）である。命の書に記されなかった者はみな火の池に投げこまれた」（ヨハネの黙示録　第20章第14節）

「それから私は新しい天と新しい地を見た。前の天と前の地は過ぎ去り、海ももうない。（中略）

神は人の目の涙をすべて拭《ぬぐ》われ、死ももうなく、悲しみも叫びも苦労もなくなる。前のものが過ぎ去ったからである。（中略）『私はすべてを新たにする』と言われ、（中略）『書け。この言葉は確かである。真実である』」（同前　第21章第1・5節）

「事は実現した。私はアルファでありオメガであり、初めであり終りである。渇く者には無償で命《いのち》の水《みず》の泉を飲ませる。勝つ者はそのすべてを受ける。私は彼の神となり、彼は私の子となる。だが、臆病者、不信仰者、厭《いと》うべき者、殺害者、淫行者、魔術者、偶像崇拝者、すべて嘘をつく者は、火と硫黄の燃える池すなわち第二の死を受ける」（同前　第21章第6節）

「私は新しい天と地を見た。前の天と地は過ぎ去り、海ももうない。そこは水晶色に輝き、もう太陽や月に照らされる必要はない。そこには夜がなく、清くない者、厭《いと》わしい者、偽る者は誰もここに入れない。ただ小羊の命の書に書かれている者だけが入る。

それから天使は、水晶のように輝く命の水の川を私に見せた。

そこには夜はなく、もはや太陽や月の明りは必要ではなく、呪いもなく灯を必要としない世界であった。そこに神殿はなかった」（同前　第21章第1節）

「――七位の天使に『神の怒りの七つの盃を地上の注ぎに行け！』と言うのを聞いた。第一の天使が行ってその盃を地上に注いだ。すると（中略）人々に、苦しい悪性の腫物ができた。（中略）

第四の天使がその盃を太陽に注ぐと、太陽は熱で人間を焼くことを許された。こうして人間は非常な太陽の熱に焼かれた」（同前　第16章第1・8節）

「その日、天は大音響と共に過ぎ去り、万物は焼け崩れ、地とその上にあるすべての業は

焼けつきる。（中略）天は燃え崩れ、万物はとける」（ペテロの第2の手紙　第3章第10・12節）

「それから私は新しい天と新しい地を見た。前の天と前の地は過ぎ去り、海ももうない」（ヨハネの黙示録　第21章第1節）

イエス・キリストが再臨したいま、前古未曾有の災害ののち、必ずこれらのことが起こる。これを見る者は一人もいない。地上には誰もいないからである。ただ霊なる神だけがそれを観られる。

この書を信じる者は「霊なる神」を信じ
この書を信じない者は「霊なる神」を信じない。
それは人間の、人類の自由である。

おわり

著者プロフィール

山下 慶子（やました けいこ）

1945年（昭和20年）、福岡県生まれ。
国立音楽大学器楽科（ピアノ）卒業。

預言の書

2011年６月15日　初版第１刷発行

著　者　山下 慶子
発行者　瓜谷 綱延
発行所　株式会社文芸社
〒160-0022　東京都新宿区新宿１-10-１
電話　03-5369-3060（編集）
03-5369-2299（販売）

印刷所　神谷印刷株式会社

ISBN 978-4-286-10404-1